LOCUS

mark

這個系列標記的是一些人、一些事件與活動。

mark 157
遇見奇卡
作者：米奇・艾爾邦（Mitch Albom）
譯者：吳品儒
責任編輯：潘乃慧
封面設計：許慈力
校對：呂佳真
出版者：大塊文化出版股份有限公司
www.locuspublishing.com
台北市10550南京東路四段25號11樓
讀者服務專線：0800-006689
TEL：(02) 87123898　FAX：(02)87123897
郵撥帳號：18955675
戶名：大塊文化出版股份有限公司
法律顧問：董安丹律師、顧慕堯律師

總經銷：大和書報圖書股份有限公司
地址：新北市新莊區五工五路2號
TEL：(02) 89902588　FAX：(02) 22901658
初版一刷：2020年5月
定價：新台幣380元
Printed in Taiwan

遇見奇卡

Finding Chika

A Little Girl, an Earthquake, and the Making of a Family

MITCH ALBOM

米奇・艾爾邦——著　吳品儒——譯

獻給海地有信孤兒院的孩子，
我們每天都在他們身上見識到孩子驚人的抗壓性。

一歲，
我的一切才剛開始。
兩歲，我的顏色褪了一點。
三歲，
我幾乎不是我。
四歲，
我已經所剩無幾。
五歲，
我只剩一口氣。
六歲，現在我什麼都懂，
那就永遠停留在六歲吧。

——艾倫．亞歷山大．米恩（A. A. MILNE）

1

我們

「米奇先生，為什麼你現在不寫？」

奇卡躺在我工作室的地毯上滾來滾去。她臉朝上，扳著手指玩。她都在早晨的時候出現，那時從窗邊透進來的天光還相當淡薄。有時，她出現時會帶著玩偶或一組麥克筆，其他時候則是孑然一身。她穿著一套藍色睡衣，上半身印著彩虹小馬的卡通圖案，下半身則是粉色系的星星圖案。以前，奇卡喜歡在每天早上刷完牙之後，挑自己要穿的服裝，襪子和上衣的顏色要互搭。

但她現在再也不會這樣做了。

去年春天，奇卡過世，那時庭院中的樹木正要吐出新葉，就跟現在一樣，春天又來了。奇卡離開讓我們呼吸困難，無法成眠，胃口全失。妻子和我會失神凝視空氣許久許久，直到有人出聲把我們拉出來。

某天早上，奇卡再度出現。

「為什麼你現在不寫？」她又問了一遍。

我雙手盤胸，盯著空白的螢幕。

我要寫什麼呢？

「寫我呀。」

以後會寫。

「什麼時候？」

不久之後。

她發出「吼——」的聲音，就像卡通裡的老虎那樣。

不要生氣。

「哼——」

奇卡，不要生氣。

「哼——」

不要消失，好不好？

她用細小的指尖敲著桌面，好像這個問題需要考慮似的。

奇卡現身從不久留。她第一次回來是在她過世後八個月，也是我父親下葬那天。當時我走到外頭看看天空，突然之間她就出現了，站在我身旁，手握著前門廊的欄杆。我感到不可置信，便出聲喊她：「奇卡？」她轉身，代表她聽得見我。我急急忙忙喊住她，害怕這一切都是夢，而她隨時都會消失。

她第一次出現的情況就是這樣。最近她再度現身，我的表現就冷靜多了。我說：「早安，漂亮小妞。」她說：「早安，米奇先生。」接著，她會坐在地上或她的小椅子上；那張椅子我一直留在書房內沒搬走，看久了也習慣了。我想人生中所有事都是這樣，即便是她離開這件事。

——

「為什麼你現在不寫？」奇卡不死心。

大家說我應該再等等。

「大家是誰？」

朋友呀，同事呀。

「為什麼他們那樣說？」

不知道。

我在說謊，我知道原因。他們說，**你需要更多時間。這一切還未沉澱。你現在還有太多情緒。**或許他們說得沒錯，或許把所愛之人寫下來，就代表我從此接受了現實，或許我不想接受奇卡已經離開的事實，也不想承認我只剩下白紙黑字能紀念她。

「米奇先生，看我！」

奇卡在地上左右翻滾。

「**巧巧蜘蛛爬水管……**」

我糾正她，歌詞是唱「小小蜘蛛」。

「**才**不是——」

綁著辮子頭的奇卡噘起嘴唇，臉頰脹得鼓鼓的，好像要開始吹口哨。現在的她，就像剛從海地來到我家那般高。那時她五歲，我們跟她說，來美國看醫生會讓她身體舒服一點，這段時間她會跟我和妻子一起住。

「什麼時候——」

「你——」

「才要——」

「開始——」

「**動**、**手**、**寫**？」

我問她，為什麼妳這麼在意我寫不寫？

「你看。」她手指向一個地方。

我往那邊看，視線越過桌面，越過我和妻子為她保留的照片、塑膠學習杯、花木蘭的木須龍玩偶，還有一幅月曆——

「就是那個。」

月曆怎麼了？我看看日期，是二〇一八年四月六日。

到了明天四月七日，就滿一年了。

她離開我們已經一年了。

我問，是因為日期，妳才這麼在意嗎？

她看看自己的腳，小聲說：「我不想被你們忘記。」

唉，寶貝呀，這種事不可能發生。愛過的人怎麼會被忘記。

她歪著頭，好像我錯得離譜。

「會，愛過的人可以被忘記。」

——

奇卡才剛來我們家幾個月的時候，某天晚上我念了《小熊維尼的小屋》（*The House at*

Pooh Corner）給她聽。奇卡很喜歡別人念書給她聽。她會靠在我腰上，把書立在她腿上，捏住書頁一角，趁我沒念完就急著翻頁。

故事快結束時，要離開的克里斯多福．羅賓跟維尼說：「答應我別忘了我，就算我一百歲也不可以忘記我。」但是小熊沒有馬上答應他，反而問：「你一百歲的時候，我幾歲了呢？」彷彿小熊想知道自己面臨的是什麼狀況。

這段對話讓我想到我們在海地的孤兒院，只要有訪客，孩子都會問：「你會待多久？」好像他們會根據時間長短，評估自己該表現出多少情感。院中所有孩子都被拋棄過，那時他們淚眼汪汪看著院門，等著誰回來把自己接回家。奇卡也曾經是這種孩子，帶她來這裡的人沒有久留，當天就離開了。或許，奇卡說「愛過的人可以被忘記」就是這個緣故。就算不是被忘記，也是被撇下不管了。

我望了月曆一眼，奇卡離開真的已經一年了嗎？感覺她昨天才離開，感覺她已經不在好久了。

我說，好吧，奇卡，我要開始寫了。

「耶！」她雙手握拳，一邊揮舞、一邊尖叫。

但我有個條件。

奇卡的手停了下來。

我寫的時候，妳要待在這裡陪我，好嗎？

我知道她不能照我的話做，但我還是想試試看。自從奇卡離開後，我和妻子都盼望能永遠跟她待在同一個地方。

奇卡說：「把我的故事告訴我。」

那樣妳就會留下來嗎？

「我試試看。」

好吧，我會寫妳跟我的故事。

她說：「是我們的故事。」

我說，好，我們的故事。

妳

奇卡，很久很久以前，我去了妳的國家。妳出生的那天，我人並不在那裡。好幾個禮拜後，我才抵達當地，因為發生一件很糟糕的事情——地震。所謂地震，就是——

我們

「米奇先生，不要寫了。」
怎麼了？
「不要用這種口氣。」
什麼口氣？
「好像我是個小小孩。」
可是妳才七歲。
「是嗎？」
妳再也不是七歲了嗎？

奇卡搖頭。

妳幾歲？

奇卡聳肩。

那我該用什麼口氣？

「跟大人講話的口氣，就像你跟潔寧小姐說話那樣。」

妳確定？

奇卡抓住我的手腕放回鍵盤上，我感覺到她手上的溫度，一時之間難以抽離。一樣是觸摸，我碰她就不行，但她碰我就可以。我不太確定為什麼。規矩什麼的我並不明白，總之她會出現，我已經很感激了，也開始期待每一次短暫的接觸。

我又開始寫了。

妳

奇卡，妳出生的那天我不在海地。幾週以後，我才到那裡幫助震災善後。既然妳說我可以用大人的口吻，那我就這麼說了：由於那次地震太過劇烈，三十秒之內，海地的人口就少掉了百分之三。建築物倒塌，辦公室震垮。就算有民宅這一刻沒倒掉，下一刻也會冒出濃煙。死去的海地人被埋在瓦礫堆下，很多人要等到好幾週以後才被挖出來，身上滿滿的好幾層灰。究竟死了多少人，一直沒有精準的統計，即便到現在也沒有數據公布，但罹難者應該有數萬人。這麼多人在一分鐘之內就死去，連美國獨立戰爭和波斯灣戰爭期間的全體死亡人數加起來，也沒這麼多。

這是一起悲劇，但島國海地已經看慣了苦難上演。妳的故鄉是全世界第二貧窮的國家。她走過艱難的歷史，承受了許多死亡，那些逝去的生命本不該絕。

然而，在海地也能找到極大的幸福。這裡能聽到笑聲，見證美，體會不可動搖的信仰，遇見當地的孩童。每當天空下起暴雨，海地的孩子就會手勾著手不約而同跳起舞來，然後歇斯底里地在地上打滾，彷彿太開心了不知如何是好。妳也曾經是那樣幸福的孩子，即便非常貧困。

—

關於妳的故事，我聽到的是這樣：二〇一〇年一月九日，妳降生在麵包樹旁、用空心磚蓋的兩房小屋裡。當時沒有醫生在場，但名為艾波特（Albert）的助產士協助妳的母親把妳生下來。妳該哭的時候就哭，該睡的時候就睡，不管怎麼看，妳出生時都很健康。

事情發生在一月十二日，也就是妳出生後第三天。那天下午很熱，妳靠在母親胸前睡覺，但世界開始晃動，好像地底下在打雷似的。妳住的空心磚房劇烈搖晃，屋頂垮了，結構散了，小屋像一顆被敲開的核桃般裂開，妳跟母親在屋裡看見了天空。

也許因為這樣，神把妳看了個仔細，那天祂帶走許多人的性命，卻沒有帶走妳和妳母親。雖然家毀了，但妳們母女均安，沒了遮蔽的屋頂，但是妳們毫髮無傷。四處都有人在奔跑，有人摔倒，有人禱告，有人哭泣。樹木盡斷，動物躲藏。

那天晚上，妳們睡在甘蔗田裡，以葉片做床，星空為毯。妳們露天睡了好幾天。奇卡，妳誕生在海地的土地上，妳承接了故鄉的美與顛狂。可能就是因為這樣，妳有時也會抓狂，但那模樣很美。

妳是海地人。妳在美國住過一陣子，也在美國過世，但妳真正的歸屬在彼方。就像現在，妳坐在我身旁，但妳終歸彼方。

我們

「這樣寫好多了。」奇卡仰躺著。

好耶。

「米奇先生？」

怎麼了？

「我知道tranbleman tè的意思。」

tranbleman tè是海地克里奧語的「地震」。

「地震很可怕。」

沒錯。

「米奇先生？」

怎麼了？

「我要告訴你一件事。」

什麼事？

「我不能一直待在這裡。」

奇卡的大眼睛注視著我，我發誓就算置身一哩以外，也能看到這雙眼睛。據說小孩的眼部在三歲就會發育完全，所以他們的小臉上，眼睛顯得特別大。也有可能三歲以前的時光充滿了驚奇，孩童才會忍不住瞪大雙眼到處瞧。

我問她，我現在可以往下寫了嗎？

奇卡噘起嘴，頭前後擺動，好像剛吃下一片苦澀的檸檬。她還在世時經常露出這個表情，彷彿每個想法都要在她腦中翻滾一輪才能成形。

她告訴我結論：「繼續寫吧。」

妳

曾經在某個夜晚，我和潔寧小姐蹲在妳的床邊。妳小聲問道：「你們是怎麼找到我的？」

我覺得妳的問題很感傷，只能喃喃重複：「我們是怎麼找到妳的呢？」而妳說：「怎麼找的呢？」我們問：「妳是說妳怎麼會來我們家嗎？」妳回答：「對啊。」但我感覺妳問的就是字面上的意思——我們是怎麼找到妳的。妳應該不太記得孤兒院之前的生活了，那段日子對妳來說就像走進迷霧森林。妳問我們怎麼找到妳，我不意外，我想對妳來說，妳就是覺得「終於有人找到我了」。

但我要妳明白，妳從來沒被誰遺棄。在我們愛妳之前，就已經有人愛著妳了，例如妳的母親。據我所知，她名叫瑞西莉亞（Resilia），身材高大又強壯。她的臉很寬，表情嚴峻，事情不合妳意的時候，妳也是一臉冷酷。她的父親是奧開伊（Aux Cayes）海港的山藥農人，她自己則是十七歲來到太子港。瑞西莉亞喜歡閱讀、吃魚，她在路邊販賣小物賺錢為生。她有一個名為荷祖莉亞（Herzulia）的朋友，她們一起散步，一起嘲笑男人。後來瑞西莉亞跟一個男人好上了。他年紀有點大，眼神沮喪，名叫費德納．哲恩（Fedner Jeune），這就是妳的姓氏由來。Jeune在法文中代表「年輕」的意思，很適合妳。

瑞西莉亞在生妳之前，已經和費德納生下兩個女兒，是妳的姐姐。瑞西莉亞懷妳的時候，她跟荷祖莉亞說妳是她的最後一胎。她們一起幫妳取了一個優雅的名字「梅荷達」（Medjerda），但很快大家都開始叫妳「奇卡」（Chika）。有人說這是因為妳身體健壯，也有人說「奇卡」代表親暱的意思。不管叫什麼名字都無所謂，名字要不是別人取的，就是不請自來。總之，奇卡就是妳的名字。瑞西莉亞決定妳是她最後一胎是對的，要是她接下來沒懷孕，她現在可能還在人世，那麼我也許永遠不會遇見妳。

然而兩年後，瑞西莉亞跟費德納再度生下一個孩子，是個男孩。他在那年八月出生，也是當年最熱的月份。他出生時天還未亮，助產士艾波特也在場，然而這次卻出了差錯。

妳弟弟活了下來。

妳母親死了。

奇卡，死亡與誕生竟然發生在同一張床上，我明白這很沒道理，但事情就是如此。那是妳最後一次看到親生家人，很久以後你們才會重逢。葬禮結束後，荷祖莉亞把妳帶走，她說瑞西莉亞以前請她當妳的教母，而且堅定地表示：「要是我死了，妳一定要把奇卡帶走。」荷祖莉亞照做了，妳父親也不反對。他沒把任何一個孩子留在身邊，或許妳母親的死讓他太過震驚，不知該如何是好。

總之，妳的大姐穆里爾（Muriel）跟某個阿姨住，二姐米蘭達（Mirlanda）則去了妳家人的朋友家。妳弟弟摩西（Moïse，在聖經裡是由埃及公主帶大）去了妳舅舅那，和舅媽一起住在擁擠的公寓裡。

至於妳，則是跟荷祖莉亞一起住。她身材矮小，體格健壯，聲音的音頻很高，但音量小。她深愛妳的母親，在她的葬禮上哭了一整天。荷祖莉亞在葬禮那天下午帶走了妳和妳的兩套衣服，坐上海地的貼貼公車（tap-tap bus）離開了。

妳只有兩套衣服來紀念原生家庭。雖然不多，但也只能說神很仁慈，祂不想讓妳記得過去的日子。瑞西莉亞跟許多人合葬在集體墓穴中，沒有豎立墓碑，沒有一塊標誌寫上了她的名字，讓妳悼念、禱告。雖然妳後來明白，只要想禱告，不管在哪裡都可以。

妳在第二個家並沒有待很久，時間不超過一年。荷祖莉亞的家是只有一個房間的空心磚公寓，妳和她家人同住。她屋裡沒有浴室，而且到了晚上停電時，只能說是一片漆黑。到了早上，妳會爬樓梯把髒床單拿到樓上。讓未滿三歲的孩子自己行動真的很危險；有一個女人看到妳，為妳擔憂。她建議荷祖莉亞把妳帶到孤兒院，而且她還知道附近城裡的德爾馬斯三十三區就有一間。

她說的就是從地震那一年（二〇一〇）開始由我營運的孤兒院，那個妳們口中稱為「misyon an」的地方，是「宣教院」的意思。這座機構的全名是「海地有信宣教院」（Have Faith Haiti Mission），格局方正，正面矗立著高聳的灰色大門，位於安妮拉哈米街（Rue

Anne Laramie）上；這條街路面坑坑洞洞，下雨時就成了小湖。

奇卡，這裡就是神意的起點，讓我們的生命得以交會。或許我該說，這裡也是神意的延續，因為祂對生命的安排不會半途而廢。

——

當初見到我是什麼情形，妳還想得起來嗎？妳有時候說可以，但我其實很懷疑，因為當年妳是那麼的小，才三歲而已。妳頭上綁著髮帶、夾著髮夾，穿著荷祖莉亞挑選的粉紅洋裝。來找我們的海地成年人經常以為，如果好好替孩子打扮，就會比較容易被我們收留。當然這種想法並不正確，有時還相當矛盾——會把孩子帶來就是因為窮困，卻還特地給他們打扮，或許自尊心才是背後原因。說到這裡，一定要把別人的自尊當一回事，人在異國更是如此。因為別國文化的自尊概念不總是容易理解；在海地，有很多時候，我就是實在搞不懂。

奇卡，老實說，在我剛投入的頭幾年，我相當不瞭解海地，不瞭解宣教院，將來要怎麼運作我也一知半解。這裡每天都會停電、停水，米飯和碾碎的乾小麥配給時有時無，醫藥永遠短缺。維修人員總是說人在路上要過來了，結果完全沒出現。文書作業從收據到政府文件一概手寫。我是一個住在底特律的職業作家，雖然在美國我負責某些慈善機構的監督工作，但到海地做事，我常常覺得自己在閱讀異國語言的家具組裝說明。

雪上加霜的是，我和妻子潔寧沒有親生孩子。雖然我一片熱心，但我對養育孩子毫無經驗。他們衣服上的小小拉鍊和鈕釦讓我慌了手腳。看到小孩嘔吐我就反應過度。跟男孩解釋青春期是什麼，也說得零零落落。

不過我倒是明白一點：要是有孩子被帶到宣教院、希望能留下，我要憑著外表以外的條件來篩選。因為院裡有很多人，也有許多需求要滿足。即使是現在，我們每接受一個孩子，就要拒絕另外十個。大多數海地人一天的生活費不到兩美元，許多人過著沒有清潔用水與電力的生活，想煮飯還得燒煤。每一千個出生的嬰孩中，有八十個會在五歲生日前離開人世。

奇卡，讓孩子安全、不餓肚子，對許多海地人來說最是要緊，像我們這樣的地方可以帶給他們希望，所以才會有那麼多人想來院裡。我必須調查清楚這些孩子的狀況，例如孩子過得如何？吃得如何？出了什麼嚴重的問題，才要將孩子託付給我們？

妳該知道，來院裡的成年人有時會被我問到大哭。曾有個二十出頭的母親挺著大肚子來尋求幫助，肚子大到我很怕她會在辦公室裡生下孩子。她身旁站著大約四歲的兒子，手裡還抱著另一個。她哀求我們收下這兩個孩子，因為她沒錢，沒工作，沒家，也沒有食物可以餵飽他們。我問她要怎麼照顧肚裡的孩子時，她大喊：「Ou mèt pran li tou（你也可以留下這個孩子）。」

她不是沒心沒肺，我相信她愛自己的孩子，正因如此，她要他們過一個更安全的人生，即便這樣一來，她再也不能天天見到他們。奇卡，照顧孩子需要特別的力量，但是承認自己無法照顧，需要另一種完全不同的力量。

或許就是這股力量，讓荷祖莉亞帶妳來院裡。她說她自己有三個孩子，已經沒錢了。我們討論妳的狀況，妳只是靜靜看著，荷祖莉亞有時會替妳整整衣裳。

接下來這件事，我印象最深刻。妳聽我們講了一陣子，接著雙手盤胸，好像失去耐性的樣子。我看妳，妳回看我；我吐舌頭，妳也吐；我笑，妳也笑。

剛被帶來宣教院的孩子多半很害羞、很緊張，如果他們被我發現在盯著我看，馬上會別過頭去。但打從一開始，妳就跟我正面對決。

儘管那時我對妳可說是一無所知，卻看得出來妳很勇敢。我知道勇敢可以幫妳撐過許多日子。

但我不知道究竟能撐多久。

我們

「米奇先生，等一下。」

怎麼了？

「我有個問題。」

請說。

她雙手放在書桌上，推了推桌面。

「我來到宣教院的時候有沒有哭？」

沒有。

「我有沒有發脾氣？」

我覺得沒有。妳為什麼要發脾氣？

「因為我還那麼小！」她語氣加重，彷彿這沒什麼好問。「而且我不得不離家耶！」

那妳現在要開始發脾氣嗎？

「不要，」奇卡望向別處。「我已經不發脾氣了。」

我聽了很難過，因為她最可愛的特色之一就是發脾氣。她以前會雙手抱胸轉過頭去，小小的下巴埋進胸口。如果我從右邊靠過去，她就轉向左邊。我從左邊靠過去，她就轉右邊。當我在她面前蹲下，握住她的雙肩，我得忍住不笑。她看起來真的好凶！她只是個孩子，但看起來完全就是在銀行排隊排很久的中年男子。

我問她，妳現在比較開心了嗎？沒有再發脾氣了？

「有時候還滿懷念的。」

像是什麼時候？

「比如說，還記得如果我大吼，你跟潔寧小姐會跟我說：『跟別人講話，可以別用吼的嗎？』」

就是因為這樣，妳才想念發脾氣嗎？

「誰要想念發、脾、氣？」奇卡加重語氣，「我是想念你們叫我別那樣。」

我停下來想想這句話。她在世時說出的童言童語，常讓我心頭一凜。

「米奇先生？」

什麼事？

「你在海地最喜歡的小孩是我嗎？」

我笑了出來。話說自從我們收留奇卡的第一天開始，她就風風火火地登場，一下子扮演起教育班長的角色，指揮其他小孩，甚至比她大的孩子也不放過，告訴他們誰該跑接力賽的第一棒，哪一個人偶可以玩，洗澡時大家要在哪裡排隊。她聲音很強硬，聲線固執，我相信個性比較害羞的孩子應該被她嚇死了。真想知道她這種氣焰是從哪來的，來我們這裡之前，她到底經歷過什麼事，才會行事這麼衝。但我看著她早期的照片，只知道她拍照時總是一手扠腰，另一手伸出一根手指晃動，彷彿能聽見她在說：「不准！不准！」

場景回到現在，我跟她說，院裡每個孩子都是我最喜歡的。

「你每次都這樣講。」

事實就是這樣啊。

她轉過身趴在地上，旁邊突然多出一個人偶，不知道從哪來的。看起來像個公主，穿著藍色洋裝，黑髮上頂著王冠。奇卡豎起人偶的兩隻手臂往天空指。

「米奇先生？」

怎麼了？

「你們為什麼沒孩子？」

我頓了一下。

妳想問什麼？

「你說有人把自己的孩子帶來給你們，但你跟潔寧小姐沒有孩子。」

奇卡，我在寫妳的故事。這跟妳的故事有關係嗎？

她翻了翻白眼，眼皮就像蚌殼般微微張開。她知道這關係可大了。

二十幾歲的時候，我一心只想成功。到了三十幾歲，我遇見潔寧小姐。即便我深愛著她，還是不能下定決心結婚。她美麗、有耐心。雖然我不值得她欣賞，她卻只看到我的優點。一想到結婚，之前的回憶就隱約浮現，我心中開始產生疑問：我要怎麼確定就是她？或許我命中注定會有別的可能？我現在知道，我這樣想不過是拖住她，卻不承諾她一個未來。奇卡，我很自私。當我終於發現能跟她在一起有多幸運時，已經錯失很多時間。

我們認識七年之後結婚，那時我們快要四十歲了。結完婚，我還是拖拖拉拉不想當父親，說我和她應該享受新婚時光，不要急。不久以後，我們發現時間所剩不多，不得不急了起來。我們跟醫生會診，也試過很多方法要懷孕，但沒有一樣奏效。又過了幾年，很快地，懷孕變得不再實際，甚至會危害健康。

最後我和潔寧小姐沒能成為父母，但成了叔叔和嬸嬸。我們一共有七個兄弟姐妹，他們的孩子加起來有十五位之多。我們當姪甥們的保母，陪他們玩遊戲，出席他們的學校活動，帶他們去吃晚餐、去度假。到了聖誕節前夕家人團聚時，他們所有人都會拿到我們的聖誕禮物。

然而，到了聖誕節早上，我們醒來時家裡總是靜悄悄的。有時候，我發現潔寧小姐在臥室中哭泣。奇卡，如果是不想生孩子所以沒生，這當然無所謂，但如果想生卻生不出來，這會讓人心痛。這都是我的錯。直到現在，我想起來依然相當揪心。自私有很多種，最自私的一種是把時間都保留給自己，因為誰也不知道自己還剩下多少。以為自己還會有更多時間，是冒犯上天。

我們

「米奇先生？」

怎麼了？

「你道歉了嗎？」

跟潔寧小姐嗎？我說過很多次了。

「她有說『沒關係』嗎？」

她說了類似的話。

「因為你學到了一課？」

妳想說什麼？

「潔寧小姐都會問我：『奇卡，妳學到了一課嗎？』如果我說我學到了，她會說：『那就沒關係，有學到就好。』」奇卡模仿潔寧的口氣，「沒關係了，奇卡。我愛妳，奇卡。」她喜歡說自己的名字「**奇卡**」。

我說，我應該學到了吧。我往後還有得學呢。

「可是你又不是在上學！」

奇卡，這不是在學校上課，而是跟世界學習如何生活。我也從妳那裡學到了幾課。

「跟我學？」

她看起來是真心驚訝。她將雙手托住我的腮幫子。她手上傳來的溫度，鬆綁了我心中的某樣東西。雖然我現在比較瞭解她的出現模式，但還是衝口問她：「**妳怎麼會出現在這裡？**」

一瞬間，奇卡顯得非常嚴肅。接著她伸出舌頭左右晃動，發出叭噠叭噠的怪聲。她笑了出來，鬆手放開我，指尖的溫度也離開了我。

她問：「可以給我一張紙嗎？」

我給她一本黃色速寫簿。

「可以給我畫畫的筆嗎？」

我給她一支麥克筆。

「米奇先生，我真的讓你斜到了什麼嗎？」

是「學」到，妳真的教了我很多。

「那你過來！」

奇卡「啪」一聲把筆記本和筆摔到桌上，提高音量，「我現在是老師，我教什麼你都要寫下來，而且不准停。」她伸出手指一比，教訓意味濃厚。「直到寫完為止！」

為什麼？

「這樣我才能留下來。」

等等，永遠留下來嗎？

不等回答，奇卡已經消失了。

2

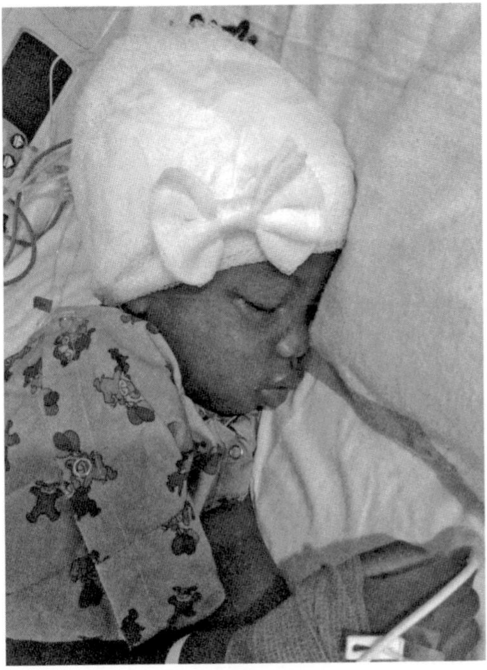

—

時間回到二〇一三年八月，我經營孤兒院已經三年了。我們的水管運作順暢，食物營養，還有許多新來的孩童。雖然海地有許多地方我還是摸不透，但每月固定造訪也養成了一套模式。

首先，我會搭機到太子港機場，降落後檢查護照，接著慢慢走過演奏迎賓樂曲的小樂團，然後走下一如往常沒在運作的電扶梯。

亞倫·查爾斯（Alain Charles）是我們的海地孤兒院院長，他站在電扶梯底下，跟人家講幾句話就能進來這裡（當時機場的所有員工，他幾乎都認得了）。我們拿了託運行李，推開門走出去，感覺就像進入灌滿熱風的隧道。流汗的男子穿著襯衫，抓住我的行李大喊：「你好，先生！我幫你，先生！」我們擠過人群，走到車邊。

我們在車陣中穿梭，駛過三年來都沒清掉的地震瓦礫，駛過垃圾堆，有些部分還燒了起來。馬路上有流浪的山羊、瘦巴巴的狗，路面坑洞能把一輛車吞沒。最後，司機按下一聲喇叭，保全替我們打開孤兒院大門。等我們開過去，再鳴一次喇叭。

我打開車門，整個世界為之改變。

我聽見最美妙的聲音——孩童的嘻笑聲，朝我的方向傳來。跑在孩子前面的是最新來的孩子奇卡·哲恩，她才剛到幾個禮拜而已。其他孩子對著我喊：「米奇先生！」她那時還不知道我是誰，卻下定決心要第一個衝向我。孩子們抱住我的腿，往我腰際上跳。奇卡伸出雙臂，我就把她舉了起來。小孩子真奇妙，不用跟你多熟就想要你抱抱。

「妳好嗎？奇卡·哲恩？」

她沒有回答，她不會英文。

我改說克里奧語：「Sak pase？」這句話的意思類似「還好嗎？」。

她笑了一下，抓住我的脖子把頭埋進去。

「沒關係，妳之後想講再講。」

我們

直到五月，奇卡才再度出現。她的忌日到來，也過去了。親朋好友打電話、寫卡片、發電郵來慰問我們，奇卡本人卻沒出現。每天早上，我走到樓下的工作室，摸摸電腦，看看她從前的影片，看著看著，她還是沒出現。

有時候，我會拿起她留下的麥克筆，將筆記本移到手邊，用筆敲打著本子。**她讓我學到了什麼**？我要從哪裡開始寫？我一直思考她說過的話：她說如果我寫完，她就會永遠留下來。我知道那是不可能的事，但我還是無法抗拒動筆的念頭。有關她的、我的，以及我們的故事如果真的有必要寫，或許我就該寫。

奇卡很喜歡數數，所以我把每一堂重要的課編號。儘管可以編到一百號，但我只列到七而已。

因為七與她的離開有關，她過世的時候七歲。

我等著她回來。最後在某個下雨的週一早晨，奇卡再度現身。她坐在桌子邊緣，踢動雙腿。看到她出現，我鬆了一口氣，但我只是淡淡地說：「早安，漂亮小妞。」她還在世的時候，每個早上我都這樣叫她。

「米奇先生，早安。」她的嗓子還沒開，彷彿才剛睡醒。她從桌上跳下來，對著我列出的課程指指點點。

奇卡，我好想妳。

她沒回話，但我看得出來她很開心。我們常跟奇卡說「我好想妳」或「我愛妳」，但她通常不會回應，只會歪著頭看著我們的話飄向她，就像她臉上的陽光一樣，被她吸收。

「米奇先生，你開始寫了嗎？」

開始寫了。

我指著筆記本，她探過頭來細看。第一行是：「我保護妳。」

她問：「**那**——是什麼意思？」

奇卡，保護就是照顧，保護就是不讓別人遇到危險。妳應該知道**保護**是什麼意思呀。

「就像獅子亞斯藍嗎？」

奇卡說的是《納尼亞傳奇》（*The Chronicles of Narnia*）裡的角色。亞斯藍應該是影射耶穌。我最好在這裡打住，免得離題。

我跟奇卡說：大概就像妳說的那樣吧。我把妳教我的事情都列了出來。「保護」就是第一堂重要課程。

她雙手盤胸說：「我不懂。」

第一課

我保護妳

好，開始上課。還記得嗎？妳曾經在宣教院裡盪鞦韆盪太高，差點飛了出去，但我抓住妳讓妳慢下來。還有一次我們去海邊，我托住妳的雙臂，這樣妳的頭才會浮在水面。

奇卡，這就是保護的一種。妳可能習慣看到大人跳進來阻止壞事發生，或許妳覺得這沒什麼，但是對我來說，能保護妳卻是全新的體驗。在我去海地之前，我主要保護潔寧小姐、我的事業，還有我自己。我保護健康，保護財富，保護我的著作，保護我的職業名聲。儘管我之前說過自己很自私，但我覺得保護上述那些人事物並不算自私，而且那時沒有新生兒需要我。沒有小寶寶對著我哭，讓我聽了就知道我是他唯一的依靠，其他利益都得捨棄。

我和潔寧小姐從來沒經歷過任何孩童的襁褓時期，儘管我們深愛著妳和其他院童，卻沒有照顧過哭鬧的你們。當你們全身濕漉漉初來乍到這個世界，將你們摟住的不是我們。教你們學會走路的不是我們。你們出遊時，負責打包尿布和動物餅乾的，也不是我們。

事實上，等我們見到院裡的孩子，他們多半已經會走會講話了，而且大多數吃過太多難以想像的苦頭：院裡有個男孩，在襁褓中就被丟在林子裡；還有四個來自傑洛米鎮（Jérémie）的女孩，她們的雙親可能死於地震或颶風，其中還有人在毀壞的泥濘家園裡繼續住了好幾個月。

發生過的事情，我無從保護。但我下定決心從此不讓其他壞事發生，就像我決定要保護妳一樣。我開始注意之前沒留心的細節，例如地板會不會滑，孩子踢足球的混凝土地面夠不夠平整，還要避開你們可能不小心吞下的細小玩具，並且確保孩子不會去玩發電機的燃油罐等等。

一開始我以為注意到愈多，就愈能防範意外。然而，這就像是走進蜂群，愈去拍打，只會更加危險。院裡的孩子增加，我開始擔心建築物（那時還沒採用防震結構），擔心二樓的配置（如果有人掉下來怎麼辦？），擔心水塔（如果水質被污染呢？）。我被擔憂淹沒，後來只能面對一個事實——我沒辦法掌控所有事情，就算我眼神掃得再快、盯得再多，也沒辦法。我心裡其實很難接受。奇卡，我不是很能面對「人會受傷」這件事，或是把命運交給神去安排，即使身在海地，我身邊有許多人都安然接受神的看顧。於是，保護孩子成為我人生中最要緊、也最焦慮的任務。

你們這些院童年紀都還小，所以我比較在意防災和意外，照顧你們健康的長遠計畫便擱置了。

某天我人在密西根，接到了亞倫先生的電話。

「先生，奇卡出事了。」

我問：「她怎麼了？」

「她的臉垂下來了，而且走路方式怪怪的。」

「你帶她去看醫生了嗎？」

「看過了。」

「醫生做了什麼處置？」

「給她開了眼藥水。」

「亞倫，問題不在她的眼睛。你可以帶她去看神經科醫生嗎？」

「什麼？」

「看看神經有沒有出問題。」

「我會帶她去。」

我還記得當時掛掉電話後依然不放心，好像這通電話是個惡兆，像是海地下午總會響起的雷聲，打雷後就會開始降下大雨。奇卡，我們院裡之前都不需要神經科醫生。如果說是皮膚科醫生，可能還需要。牙醫呢？需要。咳嗽藥、腹瀉藥、兒童止痛藥也需要。神經科醫生，需要嗎？

我心想，**這到底會有多嚴重呢**？

——

後來終於找到了神經科醫生。他發現妳的嘴和左眼皮下垂，走路有點歪，醫生說妳得照MRI（核磁共振）。那時海地只有一台機器，照一次要付七百五十美元現金。

亞倫先生帶妳去檢查。你們日出之前就出發了。六小時後，終於有一名護理師喊了妳的名字，她給妳喝下糖漿，讓妳睡著，再把妳放進大型的圓筒狀物體，裡面產生的射線和磁場集中在妳的頭部，最後會顯示妳腦袋內部的圖像。

奇卡，我想讓大家知道妳的腦袋裝了好奇心、自信心，裝了溫暖、好玩的想法，但MRI的分析結果卻很冰冷：

「病童腦中有一塊組織。我們無法確定其性質，但無論如何，在海地沒有人能夠幫助這個孩子。」

我看完之後，對於保護的認知從此改變。

我們

「米奇先生？」

怎麼了？

「那個飲料喝起來甜甜的。」

什麼飲料？

「護理師給我喝的飲料，我喝了想睡覺。」

所以才要給妳喝啊。

「但我又醒來了。」

在機器裡嗎？

「對啊，我就哭了起來。」

妳在MRI儀器裡面醒來？然後怎麼了嗎？

「他們叫我再多喝一點，所以我又睡著了。」

我搖搖頭，覺得自己真傻，拿美國的醫療照護系統跟海地的相比，那裡的醫護人員要面對的挑戰幾乎難以想像，他們要面對貧窮、營養不良、無法獲得健康照護或失學的民眾。然而，奇卡的MRI報告寫得如此直白：「**無論如何，在海地沒有人能夠幫助這孩子。**」我記得自己看完也吃了一驚，這份診斷書看起來反而像投降書。

「米奇先生？」

怎麼了？

奇卡靠在我的腿邊，我反射性地伸手握住她的肩膀，手指卻穿透了她的身體，只碰到空氣。我們之間的約定，我一直忘記。

奇卡說：「跟我說說我來美國的故事。」

妳

好吧，以下都是我憑記憶所寫。妳是第一個被我們帶來美國的孩子，妳要離開的那天，院裡其他孩子排隊輪流跟妳擁抱。車子離開大門時，院童揮手道別，我想可能有些孩子以為再也見不到妳了。

亞倫先生陪妳飛到邁阿密，再飛到底特律。當時才六月，但妳穿著白色毛衣。妳第一次走進美國的浴室，轉開水龍頭時嚇得縮手，因為妳從來不知道洗臉盆的水龍頭也能流出熱水。所以還沒過第一晚，妳已經感到處處驚奇。

潔寧小姐和我在家裡等著。她用繽紛的毛毯和玩偶布置，讓妳感受我們的心意。那時，我們希望美國的醫生能夠為妳確診、快速治療，妳就可以在我們的守護下恢復健康，再回到海地。我們以為只要幾個月就夠了。回首過往，我們知道的真的太少。

奇卡，妳來我們家的時候看起來並不害怕，但妳話好少，也不流露過多的情緒。大多數時候，妳只是四處看看。這也難怪，因為妳眼前的一切幾乎是前所未見：紅綠燈、高速公路、有院子的房屋、郵筒、每個房間都有的電視。妳一定是接收到太多的刺激；我經常想，那天晚上妳入睡時，是否在思考妳跟孤兒院之間究竟距離多遠。

隔天，我們去安娜堡（Ann Arbor）的莫特兒童醫院（Mott Children's Hospital）做檢查，那是密西根大學的附設醫院。密西根大學是好學校，我希望妳和其他孩子有一天能去那裡念大學。那間醫院是妳見過最高的建築，我們走進去時，妳還一邊抬頭觀望。我們走到櫃台邊，有位先生跟我們打招呼，然後幫妳戴上病人手環，妳把它當成真的手環欣賞。

接著，他轉過來問我：「你跟病人的關係是？」

我猶豫著沒開口。放眼望去都是爸爸、媽媽，很多人看起來都有親子臉，髮色一樣，膚色一樣，臉部特徵也一樣。我覺得自己好像被拆穿把戲的騙子。最後我回答：「我是她的法定監護人。」因為這是最正確的說法。那位先生寫了些什麼，叫我站在攝影機前。

時間回到二〇一三年秋天，奇卡．哲恩已經來我們院裡好幾個月了。雖然她的體型和年紀最小，但是洗澡、上學她都是排第一個，好像很享受其他小朋友跟在她後頭的感覺。不過，我還是經常看到她自己一個人玩，她喜歡拿了玩具就躲到角落去。新來的孩子通常比較安靜，把自己的情感寄託在著色本或玩偶上，可能是因為他們過去想寄託也沒對象吧。不知道奇卡要花多少時間，才能跟大家打成一片。

某天晚上，我們在進行夜間活動，內容包含禱告、唱感恩聖歌，不時加入邦哥鼓（bongo）的伴奏，孩子們高頻率的嗓音讓氣氛更顯活潑。他們唱歌時用吼的吼完整首，有人用克里奧語，有些人用英文。我們會唱〈向主歡呼〉（Shout to the Lord）、〈我奉獻自己〉（I Give Myself Away）、〈耶利哥，牆要倒了〉（Jeriko Miray-La Kraze）、〈我是耶穌的士兵〉（Mwen se Solda Jezi）。有時候，我們吵到就像在參加運動賽事，但這景象真的很壯觀。小朋友擁有的不多，卻能用歌聲對神表示感恩。

那天晚上我坐在牆邊，幾個孩子靠著我。正當一首振奮人心的歌曲進行到一半，潔寧喊了我一聲。

「看啊。」她手指著什麼。

只見好幾呎外，奇卡·哲恩穿著白色睡衣，跟著節奏拍手搖頭。她眼睛閉著，手朝空中亂揮，進行到沒有歌詞的部分就大笑。唱完以後，頂著辮子頭的奇卡，舉起一隻手，咧嘴露出最甜蜜的微笑，好像在說：「剛才好好玩。可以再來一遍嗎？」

我記在心裡。我的希望成真了，她已經融入這裡。

我

奇卡，我想讓妳知道，妳來美國住我們家的那陣子，我都在海地從事什麼活動，我也該解釋我怎麼跑到離家一千七百哩遠的海地辦孤兒院。

就跟其他善事一樣，巧合讓這一切發生。

地震過後幾天，一個當地的牧師小約翰．哈恩（John Hearn Jr.）來參加我在底特律主持的廣播節目。他擔心他常去的太子港宣教院被震垮，裡面的孩子或許已經遭遇不測。由於院裡的電話打不進去（那時電話幾乎打不通），所以上節目請求支援。

我聽了他說的話，心裡大受感動，但我不知道為什麼。我從事新聞業的期間，採訪過許多經歷天災的人們。我總是鼓勵大家提供協助，我本人卻很少出手幫忙。

然而，這次的感受不一樣。一想到那些孩子生死未卜，總覺得很可怕，於是我試著協助牧師前往海地。當時還沒有客機能飛往該國，最後我總算雇到一架小飛機，找到兩位願意駕駛的機師。這架飛機有六個座位，哈恩牧師帶了自己的父親老哈恩（John Hearn，他協助創立了宣教院），還有一位年長女士佛羅倫斯・瑪菲特（Florence Moffett）。她的綽號叫「媽媽」，是個安靜和善的傳教士，多年來都在那間孤兒院工作。剩下兩個位置，我另外找了兩位同事填補。

在參議員卡爾・列文（Carl Levin）的協助下，當時負責指揮災後海地空中交通的美國軍方准許我們降落，但是動作要快，只有十分鐘。於是，我們就從下著雪的密西根朋提亞克（Pontiac）出發。

將近五個小時之後，飛機降落在熱氣蒸騰的太子港跑道上，其實應該說是降落在跑道的「殘骸」上。

等到引擎停止轉動，我把冬天的外套留在機上，踏出機外。陽光熾熱，空氣凝滯，放眼望去見得到山脈，以及更多的山脈（在當地原住民族語中，「Haiti」代表「高山遍布的土地」）。四周可說是一片安靜，靜得出奇，彷彿整個國家仍處在餘震帶來的驚嚇中，還沒回過神來。我端詳沙土色調的航廈，立面上有塊標誌寫著「杜桑盧維杜爾國際機場」（Aeroport International Toussaint Louverture）；杜桑・盧維杜爾是超過兩個世紀以前的海地革命領導者。

因為地震的關係，杜桑兩字上面出現了巨大的裂縫。

我們卸貨時，沒有官員和保全人員陪同。唯一讓人覺得這機場仍在運作的地方，就是航廈走廊上擺了一張摺疊桌。好幾位女性坐在桌子後方，一張白紙貼在她們後方的牆上，寫著：「止步受檢！海地出入境櫃台！」

我們一分鐘就通過了。

接著，我們搭車前往孤兒院，交通工具是搖搖晃晃的藍色小貨卡，還少了一片車門。車程只要二十分鐘，但路上的景象永遠刻在我心頭：街上全是被夷平的房屋瓦礫，屋內物品像被果汁機攪拌過那樣凌亂成堆，堆出一座座灰色的殘骸山脈。不時可以看到一支桌腳、一張床墊，從瓦礫堆中伸出。壓扁的汽車被棄置在瓦礫堆下，眾人宛如殭屍般在街上遊蕩。神色陰暗的小販蹲在布料堆旁，女性端看著腐爛的蔬果，孩子排隊要從路上的水窪中取水。

所有人都待在戶外，我沒看見誰待在窗後，也沒看見有人從門後走出來。後來我才知道，許多海地人已經好幾個月拒絕進入建築物內，他們怕結構受損的房屋會垮掉，壓死他們。空氣刺鼻，有柴油和燒垃圾的味道，還沒到目的地，我已經感到雙眼刺痛。

值得慶幸的是，孤兒院逃過了一劫。不過，院外人士蜂擁而至，他們進去後，跟著院童擠在簡易帳篷下。只要海地發生天災，民眾經常爭相逃往孤兒院、醫院，他們認為那裡會先收到救難單位的食物。但是我幾乎沒見到救難協助或食物的影子，只看到類似院內員工的女性就著炭火煮食米飯和豆子。

要分辨誰是院內人士，誰又是偷溜進來的，實在不可能。曬衣繩東一條、西一條穿過院子，舊的發泡床墊散落在泥地上。許多人神情疲憊，靠著牆對著陽光瞇眼。他們伸手要食物，之前塞滿機上空間的箱子被我們一一打開，裡面有瓶裝水、濕紙巾、阿司匹靈、可樂，我們一拆箱，物資就被搶走了。

眼前的景象，讓我一度看傻了眼。那天天氣濕熱，我的上衣被汗水浸透。我還傻乎乎地穿著黑色牛仔褲，腿部的熱氣全困在裡面。我得大口吐氣。

我兩手垂在身側。突然間，我感覺有兩隻小手滑進手掌，勾住我的手指。我低頭一看，一個小男孩和小女孩分別出現在我的一左一右。奇卡，我不知道他們是誰，也不知道他們是不是孤兒院的院童，但這兩個孩子露出微笑，牽著我往前走。現在我才明白，他們要把我帶進他們的世界，帶進妳的世界。

好吧，我還沒解釋為什麼海地之旅會讓我找到人生使命。總之，我一回到底特律，就寫下這趟的所見所聞，尋求外界的援助。我們很快組織了一個二十三人的志工團隊，有屋頂工人、水電工、承包商；他們自稱是「底特律肌肉團」。轉戰商場、事業有成的前賽車手羅傑．潘斯基（Roger Penske），以及連鎖家具品牌亞特凡（Art Van）的所有人亞特．凡．艾斯蘭德（Art Van Elslander），捐贈飛機給我們。我們的志工團將設備、工具、小型機具帶上飛機，再度飛往太子港。

後來，我們又去了一次。

再一次。

又一次。

經過九趟旅程的努力，我們的團隊和海地工人打造出洗手間、一間廚房、一間用餐室、一個洗衣間。我們鋪磁磚，組裝雙層床鋪，給髒污的牆壁刷上明亮的粉彩色調，最後我們蓋出一棟包含三間教室的校舍。

我們還替孤兒院蓋了第一個淋浴間，結構相當簡易，用白色的ＰＶＣ水管從屋頂水塔接水下來使用。在那之前，孩子們洗澡都是用紅色大水桶裝肥皂水，再從頭上沖下來。

淋浴間完工要驗收時，年紀最小的孩子們擠在裡面。他們穿著短褲或內褲，好奇地盯著蓮蓬頭開關和水龍頭。我們喊完「一、二、三」，便按下壓力閥。水花灑了下來，孩子們歡呼大叫，好像在體驗神降下的第一場暴風雨。孩子們玩水大笑，唱歌跳舞。看到他們開心至極地淋浴，而我每天早上醒來只是睡眼惺忪地走進浴室，我的心被觸動了。我實際感覺到心中的悸動，所謂的「神靈顯現」（epiphany）或許就是如此。我感到一股神聖的力量在發揮作用，持續了好幾天都沒消失。雖然我當時疲憊不堪，卻感到愉快輕鬆，那幾乎不是塵世間可感受得到。我發現跟美國的生活相比，我在海地笑得更開懷，睡得更安穩，每天都覺得自己的負擔又少了一些，即便每天都在日出時分上工，直到天黑蚊子飛出來了才收工。

我跟潔寧小姐說：「我覺得我們能替這裡帶來改變。」

她說：「那就繼續做下去囉。」

於是我們繼續做，我每個月都飛去海地一趟。在美國，我每天都需要動很多腦筋想東想西——想故事、做決定、調整行程、電話接個不停。在海地，只要**動身體就好**。我們的勞動成果讓孩子有能吃能睡的棲身之所，我們所做的事情非常基本，但誰也不能否定基本的重要性。每次去海地，都讓我跟孩子之間的連結愈來愈堅固，我知道誰叫什麼名字，也摸清了他們的個性。孩子們會跳起來抱我、歡迎我。奇卡，當初帶我去海地的是成人，但讓我回到海地的卻是孩子。

回到底特律，我再度跟老哈恩碰面，當時他已經八十多歲。他跟我講了他建設孤兒院的過程，也跟我提到院裡的開銷愈來愈大。他感謝我和「底特律肌肉團」為當地建設，但他也坦承自己缺錢辦孤兒院，事實上已經缺了好一陣子。他能做到的就是固定拜訪孤兒院。

就在那個時候，一股沒來由的衝動，讓我提到自己在底特律開設了幾間慈善機構。我衝口而出：「如果你有意願，可以把孤兒院的營運交給我，我來籌錢、找員工。」

老哈恩雙手交握，臉上露出了微笑。

於是，我們簽署了文件。

從此，我就——

我們

「好啦，好啦——」奇卡打斷我之後，嘆口氣。

好什麼？

她端起我的咖啡杯。

「都在講你的事情，講太多了！」

她砰的一聲放下杯子。

「我要聽跟『我』有關的故事！」

我當下的反射動作是要奇卡注意她的態度，但我沒有教訓她。小孩子為了尋求關注、不擇手段的時候，我始終能諒解他們的舉動。奇卡喜歡成為大家矚目的焦點。如果我和潔寧講話講太久，奇卡就會提高音量說：「哈囉，你們到底在**說**什麼？」如果我們玩桌遊，她會一把抓走棋子，指揮我：「你是綠色，我是紅色。紅色就是老大！」

話說回來，奇卡剛來美國的時候，英語的表達能力相當有限，常講出令人摸不著頭緒的話，例如她會拿著一根香蕉，說：「來幫忙，我開不剝。」或者，當她發現之前弄丟的玩具，便說：「那裡在！」她花了很長時間才學會正確字詞順序。

隨著時間過去，奇卡會說的句子愈來愈多。我們看著她進步神速，看著她對自己的過去和未來感到無比好奇。

某個晚上，她問我們：「我什麼時候才會談戀愛？」

潔寧和我看著彼此。

「嗯，等妳再長大一點，」最後還是潔寧開口：「等妳遇見注定人選的時候。」

「要等到**什麼**時候？」

「不知道。」

我問奇卡：「**妳**為什麼想要談戀愛呢？」

她做了鬼臉，「因為**你們**也談戀愛啊。」她雙手盤胸，「所以**我**也想要！」

她的語氣非常認真，我有點希望神當場就變出奇卡的戀愛對象。

我問她：「那妳想要跟誰談呢？」

她說：「不知道，我想跟從來沒**見過面**的人談戀愛！」

「為什麼？」

「因為**你們**也是這樣。你跟潔寧小姐談戀愛前，沒有**見過**她呀！」

原來她是這樣想的，讓我接不上話，但我心裡滿滿的。奇卡會這樣說，代表她想要一段像潔寧跟我那樣的關係，我們因此覺得自己好像做對了一件事情。

回到現在，奇卡喊我：「米奇先生？」

怎麼了？

她把咖啡杯放回原位，兩隻手推著我膝蓋，直直看著我的眼睛，終於問了她從來沒問過的問題。「我是怎麼生病的？」

妳

好吧。

我要從哪裡說起？

在克里奧語中，tèt 代表「頭」，這妳當然知道。許多海地用語都包含了這個字，例如 tèt vire 是「頭在旋轉」，就是頭暈的意思。海地人還說 tèt ansanm，「頭靠在一起」，代表了一致性，而 tèt frèt 則是「頭冷冷的」，形容人冷靜的樣子。

他們也會說 tèt chaje，意思是「頭的負擔很重」，有「麻煩」的意思。奇卡，雖然妳可能從來沒學過「麻煩」是什麼意思，但這就是妳的故事的關鍵字。妳來我們院裡的時候，可說是健康寶寶，肺部、腹部、心臟都沒問題，不過頸部以上卻不然。妳的腦幹可用 tèt chaje 來形容，妳的腦部負擔很大，而且帶給妳負擔的東西後來的確變得很麻煩。

妳到安娜堡的第一天又照了一次ＭＲＩ。這一次，妳不用喝糖漿，也不用等太久。我們坐電梯下樓，來到一個燈光明亮的無菌室，妳被放進一台巨大的圓筒狀儀器，裡面還有喇叭播放音樂。做完檢查，我們還來得及回家吃晚餐。

但是檢查報告出來後，結果卻跟海地的相同：妳腦中有一團不明物質，從掃描片看來，占據了相當大的區塊，可能已經擴散了。醫生都認為這團物質不該存在，而且必須取出，但他們還在考慮是否需要冒險動手術。

過了一些日子，腫瘤小組的醫生終於碰面投票表決，因為醫生就跟我們孤兒院一樣得下判斷，他們要幫病人考量到實際層面。八人小組之中，有五人認為要動手術，有三人不認同，但我不想深入思考他們的理由。

我們想讓妳做好心理準備，但是妳當時的英語能力並不像後來那麼好，而且我那時的克里奧語也講得普普通通。後來，潔寧小姐跟我決定，雖然我們一定要對手術有初步認知，但妳的話就不用了。我們的決定或許有對有錯，可我覺得應該是前者。妳當時才五歲，我們希望妳可以享受五歲應過的童年，所以沒給妳看額葉及腦室的圖片。

手術那天早上，我們早早把妳叫醒，一如往常給妳親親抱抱。日出前，天色仍灰濛濛的，妳穿衣服時我們唱了一首早安歌，跟妳說我們要去有蜘蛛人的大樓，裡面的醫生會讓妳的身體舒服一點。妳打了呵欠，選了一個人偶陪妳坐車。我抱妳坐進後座。

那天是妳誕生在麵包樹旁空心磚房的第五年第五個月第六天，妳走進高聳的莫特兒童醫院。我們被分配到一間病房，妳拿到的淡藍色病人袍上印有跳舞的熊熊圖案，由潔寧小姐幫妳換上。

走廊上，有人要我簽手術同意書，文件包含了圖表、說明文字，我最有印象的是「風險」，如血栓的風險、輸血的風險、可能會產生副作用的風險、死亡的風險。我盡快把文件簽完，告訴自己以上警告雖然必要，但非常不可能發生，就像天氣再好也會有一絲絲的降雨機率。

兩小時之後，妳進了手術室接受麻醉。裡面的器材已經準備好，醫護人員圍繞在妳身邊。最後，有位身材精瘦、喜歡在閒暇時爬山的神經外科醫生休．嘉爾頓（Hugh

Garton），打開妳貴重的小腦袋，親眼看見入侵妳腦中的異物。

醫生花了很長時間跟它對抗。他想要清除那團物質。這裡切一點，那裡削一些，他做了好幾小時，但那團物質跟許多重要部位交纏著，能清除的部分不多；這就像你們在宣教院裡玩的外科手術遊戲組，只要碰到邊緣，就會鈴聲大作。

嘉爾頓醫生清除了十分之一，為了小心起見，他就此打住。醫療團隊縫合手術傷口，將妳推進恢復室。

手術期間，潔寧小姐和我都在空曠的大廳等待，手裡拿著呼叫器，上面會不時更新近況。每次有新訊息傳來，都會讓我們跳起來。

到了傍晚，呼叫器終於顯示「手術完成」的訊息。一小時後，我們終於見到妳。妳側睡著，身體是那麼嬌小，只占了病床的一半，身上插著管子和線材，頭上纏著一圈顯眼的白色繃帶，上頭打了小小的結。

我的心沉了下來。

奇卡，往後我們還會一起度過許多醫院時光，但那一刻或許是最難受的。儘管我先看過ＭＲＩ報告，也諮詢過其他人的意見，甚至簽署了手術同意書，但我見到妳動完手術那一刻，才真正感受到妳的病況有多急迫。妳剛來的時候嘻嘻哈哈的，在屋裡追著我跑，我便任由自己樂觀下去。

現在妳變成這樣，小小的妳躺在病床上，麻藥還沒褪去，身邊環繞著監控儀器。妳被他們切開身體，處理了好幾小時，卻沒人能說：「全部處理好了。」手術結束，我卻沒有感到解脫，只產生更多疑惑，還要等上好一段時日，病理報告才會出來。醫療團隊說妳會痛一陣子，就算服藥也無濟於事，還說我們要做好心理準備。

我雙眼發直，心想**是我讓他們動手術，是我給了他們許可**。一想到我的決定終究傷害到妳，胃部就一陣翻騰。

奇卡，此時此刻我學會了謙卑。或許妳很難理解為什麼，不過之前我還傻傻地以為一切都在自己的掌握中，妳和院裡的孩子也不例外。我以為我是醫院大廳裡的超人，我以為自己有能力、有資源，遇到不懂的事就去學，學會了繼續帶領大家。院裡的孩子都還小，我才是大人，不管發生什麼事情我都能處理。

那天我站著看妳，掌管孤兒院五年以來，這是我首度面對深刻的醫療問題。從此我不再自以為能掌握一切，一股不祥的預感油然而生。妳比我小，我比妳大，但如果我們聯手都沒有之後的挑戰大，該怎麼辦？

——

「新年快樂！」

就要二〇一四年了，孩子們蹦蹦跳跳，唱著〈友誼萬歲〉（Auld Lang Syne），但我只有教他們唱旋律，沒教歌詞，因為我自己也不記得。大夥兒嘶聲亂唱：「噠噠～，噠噠噠，噠，噠～噠……」

我在海地第一次過冬就訂下一個規矩，每年的十二月三十一日都要舉辦晚餐宴會，要從太子港的飯店訂披薩來吃，還要喝一杯杯的蘋果汁，再搭配塗滿巧克力醬的大蛋糕（sheet cake）。吃完以後，每個孩子都會拿到一根仙女棒，讓他們沿著牆邊插在地上許願。等到最後一根仙女棒燒完，「我們的」新年就來了，雖然這時都還沒八點半。

「奇卡，新年快樂！」我跪在奇卡．哲恩身旁，那時她來院裡將近半年。「妳會說『新年快樂』嗎？」

那時她已經長出一排整齊的乳牙，兩顆門牙之間沒有齒縫。

她說：「今年快樂！」

「妳知道嗎？明天就是一月，妳生日也快到了。到時候妳就可以戴壽星帽帽了。」

她瞪大眼睛。

她問：「我的生日是什麼時候？」

「再過九天。」

「那我會幾歲？」

「四歲。」

她想了想四歲是什麼意思，我伸出手指比給她看。比到四的時候，我戳了戳她軟軟的臉頰。「嘟嘟——」她整個人撲過來開心地要抱抱，雖然我不知道她開心是因為我，還是因為她很快就能長大。

我們

「米奇先生？」

怎麼了？

「然後呢？」

嗯？

「我在醫院，然後呢？」

我發現自己剛才在神遊，雙眼盯著窗外的水杉樹。夏天時，它們的黃色針葉長得很茂密。我們的後院只有這棵樹長出黃色的樹葉，不確定是我們種的，還是二十五年前購屋時就有了。

奇卡揮手，「當我沒一說。」

不要這樣嘛。妳都問了，我就應該告訴妳，但後來的部分我很不喜歡。

「為什麼？」

因為都是壞消息。

「是嗎？」

妳不覺得是壞消息嗎？

她搖頭表示否定。

——

她為什麼能下這種定論呢？我從來沒告訴奇卡事發經過，她不知道手術過後幾天，潔寧和我會走進一間小諮詢室。

任何經歷過這種情況的人都會有類似的體會：自己原本什麼也不知道乾坐著，後來卻得知噩耗，在往後重新檢視那段枯等的時間切片，會發現那一刻從此成為人生的轉捩點，接下來，你的抉擇將劃下決定性的一刀；要把生病看成詛咒、挑戰、投降或是神的考驗，全在自己。

那天早上，潔寧和我還相當樂觀，因為我們看過醫師群之前的分析，認為奇卡腦中的異物還在掌控之中。從片子看來，那個異物一團模糊，手術中取出的部分組織冷凍後經過檢驗，也不太嚴重。大家都希望這是一期腫瘤，是最容易處理的那種，但如果是二期，我們心裡也能接受，但是醫療人員提醒我們，若真如此，可能需要放射治療與長期監控。

嘉爾頓醫生走進諮詢室坐下。他開口時聲音柔和，語氣直接。他說情況並不樂觀，比他們想像中還糟，奇卡得了「瀰漫型內因性橋腦神經膠細胞瘤」（diffuse intrinsic pontine glioma），簡稱為DIPG。我問他奇卡的腫瘤是一期，還是二期。他說：「是四期。」

四期？

醫生提出各種應對的辦法，包括放射治療、實驗療法，但我只聽到他剛才說的「四期」。**已經發展到這麼後面了**？雖然我人坐著，卻覺得自己快要摔倒了。**四期**？我聽醫師一直講，我以為他會說，要再請外科醫師動手術，取出整個腫瘤，但他沒有這樣說。顯然手術繼續開下去，奇卡的腦部能正常運作的部分所剩無幾。

四期？

嘉爾頓醫生說：「很遺憾要通知你們這個消息。」醫生跟我們描述ＤＩＰＧ的症狀，聽起來相當不祥：在美國每年大約只會發生三百件病例；通常好發於奇卡這年紀的孩童，大約五到九歲；病發後，健康會迅速惡化，奪走病人的行走、移動、咀嚼能力。但讓我們心頭一沉的是，ＤＩＰＧ患者的長期存活率基本上是零。

我們錯愕不已。我在聽醫生列舉療程時，嘴巴一直閉不起來，必須刻意用力才能讓嘴巴閉緊。我們覺得好像被一架鋼琴砸到頭上，但還有比感覺更要緊的事情；我們必須**做決定**。醫生告訴我們這些可怕的訊息，就是希望幫助我們判斷。

奇卡會死會活，都看我們的決定？她來美國並沒有很久，才幾星期而已吧？我們還在過著小日子，幫她買鞋，問她喜不喜歡吃炒蛋，她應該只是來住幾個月，接受神奇的美國醫療，然後健健康康回到孤兒院才對。現在我們竟然要替她的死活做決定？

潔寧和我望著彼此。

「如果她是你的孩子呢？」我小聲提問，狡詐地想把責任推回去給醫生。

「這樣的話，」醫生嘆氣，「我可能會把她帶回海地，讓她過一個開心的暑假，跟朋友玩玩，等到……」

等到出事為止。

我看得出來，淚水在潔寧眼眶裡打轉。我也感到一股難以遏抑的情緒。趁我還有膽問，我衝口而出問了醫生：

「她還剩下多久時間？」

「可能四個月吧。」他語氣柔和，很快又補上一句：「可能五個月。」但我懷疑他說五個月，只是要沖淡「四」所帶來的衝擊。**又是四。**醫生還說放射治療能延長餘命，甚至可能活到十歲，但奇卡的「生活品質」會受到影響。要是他來選擇，他不會走放射治療這條路。奇卡會因此一直待在醫院回不了家，而且最終結果沒有差別。

通常醫生的建議我都照做，我尊重他們的知識和專業，但是當我聽見醫生說「生活品質」的時候，卻彷彿被什麼觸動了一般。我們現在人在美國，坐在富裕城市的先進醫院裡。據我們所知，奇卡的故鄉以及她體內那股韌性，幾乎和「生活品質」沾不上邊。一想到她出生才幾天就經歷一場大地震，死裡逃生後，睡在甘蔗田裡，親情尚淺就失去母親，在四個家庭之間流浪。把她送回海地等待結局，感覺太殘忍了。一股抗拒的念頭竄了出來，就好像自己旗下的拳擊手被低估那樣。

「她很能打。」最後我終於開口，看著潔寧，她也點頭。「如果她要繼續打，我們就陪她打。」

嘉爾頓醫生挪動身體往前靠，說：「好吧。」

良久，我們都坐著沒動，盯著一張看不見的戰略計畫出神。

——

「耶！」

奇卡拍拍手。

我問，「耶」什麼？

我發現自己剛才把腦中的故事說出口，說出了不想讓她聽到的故事。

「耶！」她又說了一遍。

妳為什麼要拍手？因為我跟妳說了這個故事嗎？

沒有回應。

因為我們選擇繼續奮鬥嗎？

沒有回應。

為什麼嘛？

奇卡站起來握住我的手，把兩隻手貼在一起。

「米奇先生，為我們鼓鼓掌吧！」

我滿腹狐疑，把手掌翻過來。

她又消失了。

3

我

在奇卡搬來跟我們住的二十年前，我踏上一段人生旅程。旅程並不漫長，只要從底特律坐飛機到波士頓，航程不過七百哩上下，下機後再租車開三十分鐘前往西紐頓（West Newton）的郊區，拜訪我大學時代的老教授——

墨瑞．史瓦茲（Morrie Schwartz）。

那時候墨瑞即將離開人世，他罹患肌萎縮性脊髓側索硬化症（amyotrophic lateral sclerosis, ALS），神經逐漸退化。這種病又稱為「路蓋里格氏病」，蓋里格（Lou Gehrig）是一九三〇年代的棒球選手，因罹患此疾，不得不退出體壇。但他在洋基球場上發表退休感言時，卻表示：「**今天……我認為自己……是世上……最幸運的人。**」

「是喔，」墨瑞跟我說：「我沒有這樣說喔。」

去見墨瑞時我三十七歲，當時的我手上有五份工作，要寫報紙、做電視、上廣播、寫書，並自由接案。我什麼工作都接，生怕以後沒機會再獲得邀約。墨瑞生病這件事，我還是從電視上看來的，ABC《夜線》節目播出他的訪談，節目主播泰德．卡柏（Ted Koppel）從華盛頓飛到墨瑞家，親自訪問談吐詼諧、但性命垂危的墨瑞。他通常面帶微笑，把將死之際所彰顯的生之意義傳授給訪客知道。卡柏對墨瑞的態度印象深刻。雖然墨瑞已經不能靠自己的力量行走、穿衣、洗澡，但《夜線》還是做了一整集的專訪，之後還會再做兩集。

我看到墨瑞專訪的第一集，下巴都要掉下來。我讀布蘭迪斯大學時，最喜歡的教授就是墨瑞（那時他還很健康）。墨瑞教社會學，他開的課我都會去上。對我來說，他感覺不像老師，更像叔叔或舅舅。我們會在學校裡散步，一起吃午餐。他的腦子充滿各種想法，嘴裡塞滿東西還要講話，一開口蛋沙拉碎屑都往我這噴（我曾經寫過，我認識他這麼久，總是有兩股衝動：一是擁抱他；二是遞紙巾給他）。

畢業當天，我送他一個公事包，上面有他的姓名縮寫。他淚眼汪汪地抱住我，還說：「米奇，你是好人一個。答應我要保持聯絡。」

我答應了他。

但也辜負了他。

整整十六年之久。

這十六年來，我連一次拜訪、一封信、一通電話都沒有打過。我沒有其他藉口，總是說自己在「忙」，各種可悲的忙法我都經歷過了。當時我是炙手可熱的運動記者，想要累積資歷往上爬，我以為我忙的都是要緊事。

畢業多年後看到墨瑞出現在《夜線》上，我先是震驚，接著感覺有什麼在齧咬著我，是罪惡感，或許還有羞恥感吧。我覺得自己再也不是「好人」了。

我致電聯絡上他，計畫去見他。我原本打算見一次面就好，但是第一次重逢時，他突破了我的心防。他那時雖然身體虛弱，人坐在輪椅上，還是巧妙看穿了我。他說：「米奇，即將失去生命固然使人難過，但活著不快樂，就另當別論。」我聽了彷彿回魂一般。

下個星期二我們又見了面，再下個星期二也是，他把生命中剩下的星期二都留給了我。我們師生一起上了最後「一門課」，想要知道自己即將離開人世時，什麼才是最重要的。在那段時間，墨瑞把原來的我、比較善良的我給抽了出來。

我們的對話都記錄了下來。我為了支付他的醫藥費，把這些對話寫成《最後14堂星期二的課》出版。我原本只打算寫本小書，後來卻大賣。多年過去，我成為墨瑞最後一門課永遠的助教。

我變了，而且我無法抗拒改變。我跟陌生人的話題從誰會贏超級盃，變成「我媽剛去世，我們做的最後一件事，就是一起看你的書。我可以跟你聊聊她的事嗎？」或許墨瑞知道我思考硬化，需要每天敲打，才能露出更柔軟、更有智慧的內在，而寫作《最後14堂星期二的課》的過程就這麼敲打著我。我常常如涉水般進入墨瑞的思緒，引用他的談話，回想他的為人，回答跟他有關的問題，如此反覆換位思考，才把他對我的要求化為習慣。

我受邀去安寧相關的場合、醫療研討會及大學演講。我也開始拜訪、甚至安慰剛被診斷出罹患ＡＬＳ的病患。

面對ＡＬＳ末期病患，我會分享墨瑞的心得。愈走到生命晚期，他反而愈見光明；他把這個現象比喻成葉子即將凋零時出現的鮮明色彩。

面對健康的人，我反覆談到墨瑞的經典見解：每天都要假裝有一隻鳥站在自己肩頭，你問牠：「今天我會死嗎？」然後假設答案是肯定的，就此展開一天。

你可能會覺得二十年前我走過這一遭，都是神的費心安排，祂要讓我面對奇卡的預後狀況，要我做好充分的心理建設，要我鐵了心接受任何黯淡無望的消息。

但同樣是將死之人，一邊是回首一生的長者，一邊卻是展望未來的小女孩。

後來我才發現，人生的旅程可能不會只有一趟。

我們

奇卡？我喊著。

雖然看不到她，卻能隱約聽見笑聲。

我離開座位站起來，在房間裡四處移動。這時是九月初，距離她上次出現已經過了一個多月。我問：「奇卡在哪裡？」

「尋找奇卡」是我們很常玩的遊戲。奇卡聽到前門打開的聲音就會躲起來，鑽進毯子底下或桌底下，大人只好一直喊：「奇卡在哪裡？她走丟了！她在哪裡？」要喊到你整個人聽起來充滿驚恐，她才會衝出來大喊：「在我這！」那時她英文還說得不大好，說完會瘋狂大笑，歇斯底里地抖動肩膀。躲貓貓被發現還這麼開心，這種小孩還真沒見過。

現在，我們又要開始尋找奇卡了。

我加重語氣喊她。奇卡在哪裡？她跑去哪了？

我看看攤在簡易床墊上的毯子，有時我寫作到深夜就會直接睡在那裡。我走過去抓起毯子，用玩遊戲的聲音問。

她躲在**這裡**嗎？我說，然後一把掀開。

「不在那裡——」她的聲音從其他地方傳來。

我轉身，她站在我桌邊看筆記本，遊戲大概已經結束了。

「這是什麼意思？」她問：「時間的變化？」

我說，那是妳教我的第二課。妳要我列出來妳教了我什麼，這是第二課的標題。

她拉出我的椅子。

「快寫。」

之後，她一屁股坐下來大笑。

妳知道我得坐在那張椅子上才能寫啊。

「我知道啊。」說完又大笑。

她坐在辦公椅上開始旋轉。「咻——咻——」突然間，床墊的毯子出現在她的手上，她拿起來蓋住頭。

她大喊：「奇卡在哪裡？」

我嘆氣。

第二課　時間的變化

妳記得在我們家度過的第一個早上嗎？那時我人已經在樓下的工作室，因為我都是早上寫作。突然電話響了，是潔寧小姐從臥室裡打來。她的聲音聽起來像是才剛睡醒。她說：「米奇先生，奇卡餓了要吃早餐。你可以做給她吃嗎？」

我回到樓上把妳帶進廚房，找出蛋、奶油、起司、番茄。我給妳看平底煎鍋、爐子在哪裡，妳踮起腳幫忙翻炒，我倒果汁。我們一起做飯前禱告。

我看著妳吃。

我看著妳再扒了幾口。

說妳吃飯很「悠哉」，其實不太貼切。妳會吃個幾口看看窗外，放下叉子打個呵欠，再把叉子拿起來。妳隨著自己內在的旋律晃動身體，吃早餐吃了將近一個小時。我很想比較妳跟我吃早餐的速率，但我不吃早餐。

隔天早上七點，我聽見妳咚咚咚走下樓梯，我站起來離開書桌，走到門邊把妳抱起來。妳說：「米奇先生，我餓了！」我把妳抱到廚房裡。

帶孩子就像帶著沉重的錨，也像多了一對翅膀。

我的行事從此改變。

時間在變化。有了小孩之後，時間不再是你的，所有家長都這樣說。但或許是因為我和潔寧很晚才體會到這一點（我們的兩人生活維持了二十七年），所以面對這種改變，心裡戰戰兢兢。

奇卡，自從我們決定要幫妳對抗病魔再帶妳回海地之後，我們把妳從醫院接回家裡。妳帶著兩隻填充玩偶，脖子上纏著繃帶，行李箱裝滿天真的希望。我們那時還不知道治療過程會發展到什麼地步，也不知道自己帶回的不只是一個孩子，也是一項挑戰。我們往後會不停尋找解藥，對抗囂張的DIPG；兩週前，我們幾乎沒聽過這種病。

妳有妳前進的步調，疾病也有。下定決心之後，我們都知道時間會產生變化，我們使用時間的方式、珍惜光陰的態度都會改變。

——

奇卡，妳知道我幾歲嗎？妳以前都猜：「三十歲！」我說不是，妳就會再猜：「一百歲！」年齡的相對差距對孩子來說一定很難釐清，因為他們都用半年的跨度來計算時間。（「**我五歲半了！**」）事實上，妳來我們家的時候，我和潔寧小姐都快六十歲了。這個年紀還算有力氣維持生活起居，但也不容易接受改變了。

潔寧小姐比我更快適應變化。我不意外，我想她或多或少都在為這天做準備。

至於我，我年紀輕的時候很害怕成為父親。我知道那非常花時間，很害怕自己不會分配時間，最後變成壞爸爸。還有，我得非常坦白地說，我覺得成為父親會妨礙事業發展。當時我衝很快，想要一直保持那個速度。奇卡，我沒有跟妳講過野心的負面影響，但我瞭解到，那就像有烏雲飄到太陽旁邊，漸漸把人蒙蔽，直到不斷的追求把你吞噬，最後習慣自己的存在愈來愈黯淡。

潔寧小姐和我結婚時，她知道我就是這種人，但她看到我更好的一面，她看到一個更不吝於付出的我。我們剛在一起的時候，我真的很想成為那種人，然而，我還是習慣把時間都留給自己。我仍記得有一次我們嘗試要做孩子時，我提到我想請保母來照顧孩子。潔寧小姐拒絕接受，還發了脾氣，她平常很少動怒。我搞不清楚她為何不欣然接受我的提議，一點也看不出來她受傷了——她都還沒懷孕，她的丈夫就在計畫可以離開孩子多久。

奇卡，回首往事，我發現自己很多方面都太愚鈍了。

後來妳來了，妳一點也不慌張。妳才五歲，是個五歲的好奇寶寶，妳的人生就像還沒翻開的書。妳看到松鼠衝上樹，就大喊：「松鼠！」接著，妳會問松鼠要去哪、松鼠會不會看見妳。妳問書的問題、食物的問題、雲朵、天使的問題。要換衣服前，妳會仔細看過衣櫃裡所有的衣服。

「紅襪子滿不錯的。」我提出建議，其實正在失去耐心。

「我還是穿綠色好了。」

「綠的也不錯。」

「不要，等一下，穿藍色的好了。」

我們別無他法，只好慢下來配合妳的節奏。我們跪下來跟妳的視線齊高。我經常發現妳坐在後窗前的地板上，研究著院子的景象。我想起墨瑞曾經指著一扇窗跟我說，他比我更能欣賞窗外的景色，因為他生病，那扇窗就成了他的世界，但對我來說，那不過是一片玻璃罷了。

奇卡，妳也比我更能欣賞窗外的景色，更能讚嘆窗外的驚奇。我必須慢下腳步，才能跟妳一同感到驚訝；我必須踩煞車；為了哄妳睡覺，我必須提前離開晚餐聚會；為了帶妳去一些地方，所以工作遲到；為了工作進度突然慢下來，我得跟老闆和編輯道歉。

但我終究放慢了腳步，潔寧小姐也一樣。我們看著妳的一舉一動，愈看愈有趣。我們會輕推彼此，要對方看妳邊看電影邊拍手，看妳繞著桌子跳舞，渾然不知我們在觀察妳。

如果妳在我懷裡睡著了，我會抱著妳很久很久，潔寧小姐也會摸摸妳的頭髮。我不確定我們兩個就這樣看妳看了多久，一定很久吧，我們會好好珍惜這些時刻。

在妳來跟我們住之前，我們常在床上看電視看到睡著。妳來了之後睡在我們臥室裡，熄燈時我們會關掉主燈，摸黑經過妳床邊時踮著腳尖走路。妳經常在深夜把我們叫醒。

「米—奇先生？」

「……什麼事？」

「我要尿尿。」

我會帶妳去浴室，在門外一邊等一邊打呵欠，聽妳沖水，幫妳洗手，帶妳回床邊。妳的床很好睡，高度合宜，剛好可以讓妳滾上床。

「她還好嗎？」在我躺回潔寧小姐身邊時，她會這樣問。

「很好，」我嘀嘀咕咕，閉上眼睛。「她沒事。」

奇卡，要送東西給別人，送時間最珍貴，因為時間給了再也拿不回來。如果送東西時不求回報，那就是用愛送出去的。

這是妳教給我的一課。

——

順帶一提，說到妳的床，妳剛來的時候我們莫名煩惱，不知要讓妳睡哪裡才好。我們沒有好幾個月可調整格局。我和潔寧住在這裡將近二十五年，屋裡的格局跟當初一樣，客房設在樓下。我們不能讓妳睡客房，離我們太遠了，但以妳的體型又不可能睡搖籃。最後，我們買了大尺寸的充氣床墊，上面鋪了《冰雪奇緣》（*Frozen*）的床單、顏色繽紛的毯子，再把床墊放在我們床腳。妳在這兒的第一晚，我忘記妳睡在那裡，結果起來去洗手間時踢到床，摔倒在地上。

後來我總算記住妳睡在那裡，我會提醒自己摸黑走路時，要多走四步再左轉，回床上時則是方向相反。我還多了一個習慣，就是從各角度俯瞰妳，看著妳小小的身體被枕頭左右包圍，妳柔和的呼吸聲真的跟我很不同。

妳記得有一天我回家時，妳跟潔寧小姐笑得不懷好意嗎？潔寧小姐問：「奇卡，米奇先生睡覺會怎樣？」妳就發出響亮的鼾聲，聽起來就像獅子的喉嚨裡卡著毛球。我傻笑說：「好棒，多了兩隻耳朵偷聽我耶。」

我說得沒錯，多了兩隻耳朵、兩隻眼睛、兩條手臂、兩條腿，還多了一張床擋路，這是時間的變化帶來的另一個改變：

空間的變化。

妳來之前，我和潔寧是兩個人，現在我們變成了三重奏。我們開車原本是夫妻倆坐前座，現在變成妳跟潔寧小姐坐後座，而我就像代駕司機。兩人餐桌變成四人餐桌，我們得決定誰坐在妳旁邊，負責幫妳把食物剪成小塊。我們的一切都在膨脹，我們很快也覺得這很正常。

突然之間，什麼都需要三份。看電影要三個位置，買鞋子要坐三張椅子，去等待室、去牙醫診所都需要三個位置。

禮拜一早上，我們去密西根皇家橡樹（Royal Oak）的博蒙特醫院（Beaumont Hospital）放射科看診，也需要三個座位。護理師走出來問妳，準備好戴上「特別的頭盔」了嗎？

妳聳肩說：「來啊。」我們一起走過去，三個人手牽手，一、二、三，我們走過長長的走廊，起身應戰。

時間回到二〇一五年七月，天氣炎熱得讓人冒汗；那是我把奇卡帶走之後、第一次回宣教院。院裡的孩子只有她去美國。我進了大門不到三十秒，孩子們全部圍過來，用問題轟炸我。

「奇卡跟你一起住嗎？」

「奇卡睡在你家嗎？」

「奇卡有自己的房間嗎？」

「奇卡有養狗嗎？」

他們還問奇卡什麼時候回來。他們說奇卡的床位特別保留下來，不給別人睡。

隔天，我把奇卡的畫掛在在學校辦公室裡，她在畫上寫了：「嗨，大家好，我玩得很開心。Love，奇卡。P.S.我想念大家。」

孩子們盯著那幅畫，覺得她跟從前不同了。她走出宣教院的大門，接受我的照顧。院裡有個女孩問我，她也可以去美國嗎？我說現在不行。

她問：「為什麼？我也沒有媽媽呀。」

我們

「米奇先生？」

怎麼了？

「你為什麼要留著這個東西？」

奇卡摸著釘書機、咖啡杯、橡皮筋、面紙盒（我的桌面看起來就像辦公文具連鎖店Office Depot的花車拍賣）。她舉起一個相框，裡面是一張海地的學校問卷；是奇卡來美國的兩週前才填的。

在名字那一欄，她寫「5」，年齡那欄她寫了「奇卡」。

問卷最底部有個填空題：

「我長大想要當——」

她這樣寫：

「我長大想要當大人。」

奇卡又問我一遍：「你為什麼要留著這個？」

我不知要回答什麼。是因為她的答案曾讓我們大笑嗎？是因為這答案後來讓我們大哭嗎？是因為我現在看著她的答案質問神，為什麼如此簡單的心願，祂也無法實現嗎？

我長大想要當大人。

奇卡，我也不知道為什麼要留這個。有些東西就是想要留下來。

她說：「我後來真的有長『大』。」

什麼時候？

奇卡往下看。

「你**不**記得了嗎？」她鼓起腮幫子，好像在吹氣球。

我深深陷進椅子裡。

我說，我想起來了。

——

地塞米松（dexamethasone）是一種腎上腺皮脂固醇（corticosteroid），可以抑制發炎。奇卡在接受放射治療之前就預先服用。地塞米松是一種小小的藥丸，她會配蘋果醬一起吞下去。我身為體育新聞記者，報導過選手使用類固醇來增加肌肉量。地塞米松的品牌名稱是「特佳錠」（Decadron），醫生都簡稱為「特佳」，我第一次聽到醫生這樣講的時候，覺得自己好像在跑體育新聞。他們會問：「**她用了多少特佳？**」「**要增加她的特佳用量。**」棒球選手使用類固醇後，會說自己「塊頭變大」。後來奇卡的體型也在短時間內改變，情況卻與他們不同。

類固醇會讓腫瘤附近組織縮水，但會讓身體其他部位腫大。奇卡的胃口變得其大無比，原本早餐只要吃一根香蕉，後來要吃三顆蛋、玉米片、葡萄、兩片塗滿杏仁醬的吐司，而且晚餐吃得跟我一樣多。我們很小心不用垃圾食物來填飽奇卡高漲的胃口，但饑餓讓她來者不拒。她能自己吃掉兩份鮭魚、球芽甘藍、凱撒沙拉。她看到我在吃東西，就會尖著嗓子問：「米奇先生，你在吃什麼——？」我說：「我在吃火雞肉三明治。」於是她望向遠方說：「真希望**我**也能吃火雞肉三明治呀。」

奇卡服用類固醇不到兩個月，就像變了個人似的。她長出雙下巴，臉頰鼓脹起來，好像裡面藏了一顆核桃。我後來才知道這在醫學上稱為「月亮臉」，感覺就像毒舌的孩子想出來的詞彙，我擔心其他孩子會這樣嘲笑奇卡。她的手臂和雙腿胖到可以擠出好幾層肉，肚子凸了出來，相當顯眼，體重從四十八磅（約二十二公斤）跳到七十三磅（約三十三公斤）。

體型改變沒讓她的喜悅減少半分。她的笑容還是一樣開朗，不過她的笑容沒有形成一道微笑曲線，反而卡在雙頰之間，因為她左半邊的眼皮和嘴巴都不受控地往下垂。奇卡走路時左半邊有點跛，不過醫生說，如果放射治療有用就能改善狀況。

人腦是很複雜，但據我所知，只要有異物入侵（如ＤＩＰＧ腫瘤）並占據某個額葉的特定部位，你的眼皮就會開始下垂，腿無法伸直，講話變慢。但只要解除腦中壓力，一切症狀都會消失。這機制未免太單純，會讓人以為只要跟腫瘤大喊一聲「退下！」，一切都能恢復原樣。

放射治療能夠達到這個目的，療程中射出的次原子粒子光束集中照射在極小的區域，卻具有炸彈般的毀滅性。每週有五天早上，奇卡被送進巨大的機器中。她戴上可固定頭部的頭盔，眼睛幾乎只能盯著正上方。負責照顧她的護理師充滿用不完的正能量，對她喊：「奇卡好棒！妳是搖滾明星！」但機器啟動前，護理師都必須離開室內，不知那時的搖滾明星心裡在想些什麼。

放射療程總共進行了六週，我們發展出一套儀式來加強過程中的趣味。奇卡報到之後會自己簽名，自己挑選療程中要聽什麼音樂。然而，她的身體因此付出代價。療程不但殺死了癌細胞，也殺死健康的細胞，尤其是生長快速的毛髮細胞，她右耳後面的頭髮全沒了。有時候，奇卡會夜間盜汗，在床上翻來覆去，用克里奧語喊著：「Dokte! Dokte!（醫生！醫生！）」

然而，隨著時間過去，腫瘤顯著縮小，進展超過當初預期。負責的放射腫瘤科醫生陳彼得給我們看MRI的掃描結果和電腦上的圖像。**看到了嗎？她剛來時是這樣，現在你們看！**初秋，我帶奇卡去蘋果農莊，讓她餵餵鴨子、吃吃蘋果派。那時她的腫瘤縮小了百分之二十五。

這麼多？

陳醫生說：「甚至可能高達百分之三十。」

我們心中充滿了力量，彷彿奇卡第一次揮棒打擊就直上三壘。潔寧說：「她會戰勝DIPG的，憑什麼她不能成為第一個治癒的病人？」

時間過去，奇卡的衣服變多了。有些是我們買的，有些是我們的朋友帶來送她的。她喜歡盛裝打扮，愈誇張愈好。她套上潔寧的高跟鞋神氣踏步，一口氣戴上許多條項鍊，有時候一次戴兩頂帽子。

潔寧開玩笑說：「她很喜歡錦上添花。」

有一天，奇卡和我要出門。

我說：「等一下，妳臉上沾到東西了。」

「沾到什麼？」

我拿了張紙巾在她唇邊擦拭。

「這裡有點濕，這裡為什麼濕濕的？」

「米奇先生！」奇卡兩手往上一揮。「那是唇蜜啦！」

我們

夏天結束前，奇卡沒再現身。我換下短褲，改穿長褲，不再使用工作室的吊扇。奇卡很喜歡我的工作室，她進門的時候，都會抬頭看著高高的書櫃。她知道我都在工作室裡寫作，需要安靜的時候，誰都不能吵。或許獲准進來工作室，讓她覺得自己特別不同。

這次她出現時，從後面拍了我一下，我差點從椅子上跳起來。她發出一陣狂笑。

她問我：「你在做什麼？」

寫東西。

「寫我嗎？」

妳要我寫的嘛。

「嗯——」

她滾到我們身後的鋼琴旁邊。

「來彈琴吧。」

我的工作室裡一定要擺鋼琴，因為我以前玩過音樂。即便到了現在，只要我在文字的森林裡迷路，就會去彈琴尋找方向。奇卡開始猛敲琴鍵製造噪音，就跟她在世時一樣。

我以前都會念她：「不要用敲的。」某天，我帶她去找我的爵士樂朋友，他冷靜聽她亂敲，接著站到她旁邊，左手彈主調、右手彈和弦，做出一首曲子把奇卡的即興作曲包了進去。從那天起，我不再限制奇卡要彈什麼。世界上的所有聲音都是音樂——如果你能聽進去。〈詩篇〉也提到，要製造快樂的噪音。

場景回到現在。我們坐下來彈〈聖誕鈴聲〉（Jingle Bells）。什麼時候都能唱聖誕歌，夏天也不例外。我唱著，**衝進雪花中，騎馬拉雪橇，飛過了原野——**

「經過了原野。」奇卡糾正我。

經過嗎？

「對。」

不是飛過？

「不是，你聽我唱。」她開始唱：「**衝進雪花中，騎馬拉雪橇，經過了原野——**」

我跟著她唱，但她摀住我的嘴，自己接著唱：「**一路笑哈哈，哈哈！**」

我笑著問她：「妳一定要這樣就對了？」

奇卡笑了。我們合唱時，大多數時候她都會摀住我的嘴，明白地用肢體語言告訴我她要獨唱，我那時常被這動作惹笑，現在也笑出來了。

「米奇先生，你為什麼要這樣寫？」

寫什麼？

她從琴凳上滑下來移到桌邊，指指黃筆記本以及本子上寫的「三」。

「這個啊。」她說。

第三課

總有新發現

奇卡，妳還記得我們帶妳去過迪士尼樂園嗎？那是在做完放射治療之後的事了。每一部迪士尼動畫開頭都會出現睡美人的城堡，妳看了好奇地發問：「真的有那座城堡嗎？」我們會說，真的有啊，以後就帶妳去。某天晚上哄妳睡著之後，潔寧小姐和我看著妳後頸上方禿了一塊頭皮。看著妳冒汗的額頭，我們問對方：「還要等到什麼時候？」

我們預約行程，坐飛機到加州，買了平常日的入場券，希望這樣人會比較少。我們抵達時，樂園都還沒開門。

妳入園後做的第一件事讓我印象最深。我們從小鎮大街走進去，經過了紀念品商店，遊樂設施在我們上方運轉，不知道妳看到哪一個會吵著說：「可以玩**那個**嗎？」

但妳沒這樣說。我們經過一個小池塘，一隻灰色小鴨離開水面上陸。妳右邊是太空山，左邊是巨雷山，正前方就是睡美人城堡，妳卻往下一指：「看！鴨子！」妳追著那隻鴨子跑，咯咯咯笑不停。「鴨子！鴨子！」

我看了潔寧小姐一眼，她也在笑。眼前有這麼多遊樂設施在呼喊妳，妳卻能低頭對另一個生物感到好奇。

——

如果小孩最先學會講的話是「媽媽」、「爸爸」，他們接下來應該就會說「你看！」。我是這樣覺得。我是舅舅、叔叔，已經看過無數次外甥、姪女拿起塗鴉說：「媽媽，妳看！」或是在準備跳水前說：「爸爸，你看！」他們也會把商店架上的玩具抓起來說：「米奇叔叔，你看！」我們身為稱職的大人，就會趁勢點頭說「哇」、「很棒」之類的回應。

但我得承認，我總覺得有疏離感。我從來不像小孩那樣，對那些東西特別著迷。

後來妳來了，奇卡。可能我現在年紀更大了，也可能妳的眼睛比我大，看到更多，也可能輪到自己帶孩子情況有所不同，我開始產生了變化。我會彎腰觀看，用妳的眼光發現微小的奇蹟。看小鴨子跑步，看青蛙躲在草叢裡，看妳要抓的葉子被風吹走。孩子能幫成人一個大忙，可以讓他們蹲下來更接近地面，把土地的聲音聽得更清楚。

奇卡，妳幫了我這個大忙。我們把自己埋進落葉堆裡，一起研究車道上的螞蟻，一起做雪球（妳第一次看到雪時，嚇了一大跳），做了妳的第一個雪人。妳讓我從放大鏡或玩具望遠鏡的另一端窺探，我用跟妳相同的角度對世界發出讚嘆。妳是永遠有效的解毒劑，能解救對俗務中毒的大人。

妳只要說「你看！」，就能發揮作用。

「你看」這個句子很短，但奇卡妳要知道，成年人不太懂得觀看，我們只會快速查看、匆匆瞥過一眼，接著繼續行動。

妳懂得如何觀看。妳的眼神充滿好奇。妳抓住螢火蟲，想知道牠們有沒有裝電池。妳從土裡挖出一分錢，就問是不是挖到寶藏了。不用人提醒，妳也知道要分享發現的成果。

「**你**聞聞看。」妳把一朵香花湊過來。

「**你**吃吃看。」妳遞來一塊巧克力。

我照妳的話做，跟在妳的後頭。妳滑雪橇，我跟在後面追，妳騎旋轉木馬，我也跟在後面騎。還記得妳在游泳池裡打水花，我也跟著打嗎？妳發明了一個遊戲，假裝游泳池的一端是美國，另一端是海地，妳來來回回游泳，每一趟都帶著米和豆子游到對岸：「給你們！快吃！好吃！」不知道妳怎麼會想出這個遊戲，也不知道妳怎麼會笑成那樣。但我游在妳旁邊，跟著妳出國、回國，讚嘆妳的想像力。

孩子覺得這個世界不可思議，雙親則是覺得孩子不可思議。這樣一來，大家都一起變年輕了。

—

妳教我挖掘新的發現，或是讓我恢復發現的能力——如果「發現力」還留在所有人的體內，成為一盞指示燈。妳做什麼都自帶光芒，不會隨著時間減弱，不管是妳躲在桌子底下假裝執行機密任務，或是擺設小茶杯組跟空氣玩扮家家酒，妳的光芒幾乎要把身邊的要務驅散，似乎沒什麼好著急的。

但我身為成人，以成人的感官接受訊息，不可能忽視妳面臨的急迫性。

放射治療堪稱成功，我們信心大幅提升。妳的嘴唇和左眼皮下垂的狀況有所改善，五官接近對稱，走路也變直了。妳變得能跑能跳。夏天過了，妳的狀況比之前更好。這算是進步吧？

但醫生之前警告過，這可能是「蜜月期」。妳腦幹中的異物只是「休眠」，並非完全消失，就像火山蓄積能量準備噴發。

我跟自己說，**保持警覺，多加留意**。

後來發生一件事，讓我有了更深刻的體會。九月中有一場大學足球賽，在密西根大學的巨型體育場舉辦；那個場館有個暱稱叫「大屋子」。

比賽那天是週六，場內聚集超過十萬人。我為了替體育專欄取材，所以待在媒體區。比賽開始前，我往下看，有一家人走到球場上。擴音器大聲廣播：「幫隊長丟硬幣的是查德．卡爾（Chad Carr），請大家為卡爾一家人祈禱。」

我喉嚨一梗。卡爾的家人有誰呢？有前任密西根足球隊教練洛伊德．卡爾（Lloyd Carr），我跟他算認識很深。此外，還有洛伊德的兒子傑森（Jason）、傑森的太太潭美（Tammi），以及他們的三個孩子，年紀最小的是四歲的查德，也就是剛才司儀特別提到的那一位。

查德．卡爾跟奇卡一樣，罹患了ＤＩＰＧ。

我看著他軟綿綿地躺在父親懷裡被抱出來。他是個俊美的孩子，長了一頭金髮。他的抗癌史在密西根廣為人知，電視新聞和文字媒體都報導過。我跟潭美聊過幾次，她把她知道的ＤＩＰＧ訊息都告訴了我，還介紹我加入一個ＤＩＰＧ家屬團體。成員來自全世界，他們都想要翻過ＤＩＰＧ這座山，他們會告訴你要抓住哪塊岩石，避開哪個失足點。悲傷的是，有時他們也會互相告知誰失足掉落。這些家屬不像陌生人，他們信任彼此，會在晚上跟週末互通電話。但因為還沒有人抗癌成功，所以到了關鍵時刻，每個家屬都必須做出決定，而且不確定是否做對。

我很怕討論時被問到：「**你覺得你會怎麼做**？」感覺像在看災難片，一批人決定上屋頂，另一批人走樓梯，但你知道能活著出來的只有一批。

話說回來，**請大家為卡爾一家人祈禱**是什麼意思？他們遇到麻煩了嗎？我知道查德的父母試過各種方法，他現在正處於發病後的第十二個月，而妳，奇卡，那時正值發病後第四個月。

蜜月期、暫時休眠的火山，醫生的警告言猶在耳。那天我回到家，妳正在跟潔寧小姐用餐。

妳大聲告訴我：「米奇先生，我們在吃粉紅色的魚！」妳們在吃鮭魚。我把潔寧小姐拉到一旁。

她說：「奇卡今天玩得很開心。」

「看得出來。」

她深深看進我眼底。「怎麼了？」

我不敢說，但還是說了。

「這狀況可能不會持久，我們要繼續推進。」

某天晚上，潔寧念書給奇卡聽，她念的是《蔬菜總動員》（*Veggie Tales*）系列，故事內容跟信仰上帝有關。

奇卡問：「上帝有神力嗎？」

我們說：「有啊。」

「祂很勇敢嗎？」

「對啊。」

「祂會保護馬匹嗎？」

這問題是打哪來的……

我們說：「祂會保護一切。」

「全世界那麼大，都是神創造的，」奇卡的語氣聽起來很夢幻，「university（大學）也

我

我有幾個大學同學後來當了醫生。還記得一九八〇年代愛滋來勢洶洶時，我跟一位醫師同學見到面。我提到愛滋看起來難以對付。

我朋友說：「愛滋解藥會比癌症解藥更快問世。」

這句話讓我大為震驚。多年以後，墨瑞．史瓦茲教授讓我不得不走進ＡＬＳ的領域，我又聽到類似的話。「ＡＬＳ解藥會比癌症解藥更快問世。」

自我有印象以來，我都被烏雲般的癌症陰影籠罩著，那暗影無法穿透，而且不懷好意。我看著四十四歲的舅舅死於胰臟癌，當時我二十一歲。我的弟弟才二十九歲就必須終生對抗癌症。潔寧的姐姐黛比（Debbie）跟乳癌奮戰十五年，最終屈服於病魔之下，享年五十六歲。

然而，一個孩子竟然也會得到癌症，而且已經四期？這種事情我還真沒料到。我必須快速吸收抗癌知識，也開了許多眼界，但我心裡還是經常感到憤恨。我知道化療具有潛在風險，但是成效顯著，不知不覺地，患者也會接受建議、進行化療。若要採取其他療法，醫生可能會認為病人什麼也不懂，並指出另類療法具有風險且未經檢驗，甚至認為那些都是庸醫的把戲。

潔寧跟我不懂醫療，但我們都知道一個事實：沒有證據指出化療能打敗DIPG。要翻越山頭，必須另闢蹊徑。

——

「你知道嗎？」問這話的人是紐約的斯隆凱特琳紀念醫院（Memorial Sloan Kettering hospital）的醫生馬克・蘇維丹（Mark Souweidane）。他說：「用點滴將化療藥劑送進病患體內，最後真正能到達腦部的只有百分之三？血腦障蔽這種機制，會嚴格把關血液送進腦部的物質。進入腦中的只有百分之三，剩下的還停留在血液中。」

我聽了恍然大悟，從此站穩腳步，有立場反對傳統化療。亂槍打鳥最後只打到一小隻，何必呢？

蘇維丹醫生身形高䠷，頂著一顆小平頭，他思慮周詳而內心堅決，要找出更有效的抗癌療法。他在密西根長大，特別喜歡解決問題。剛開始從醫，他就專攻ＤＩＰＧ，當時他認為他能在「兩年內」解決這個頑敵。

然而過了二十五年，他還在部署作戰計畫。他展開ＣＥＤ的臨床實驗，也就是「增強對流傳輸法」（convection enhanced delivery）。簡單來說，ＣＥＤ技術能讓藥劑更接近病灶，在病人的腦幹中放置導管，再緩慢注入抗癌藥劑，直接進入腫瘤中。

ＣＥＤ具有相當的風險，畢竟是直接對腦部下手。此外，參加ＣＥＤ實驗要簽署各種文件，同意成為被研究的受試對象，不斷回到斯隆凱特琳紀念醫院追蹤，而且什麼效果也不保證。

然而，這位醫生專攻ＤＩＰＧ，又那麼熱血，加上奇卡也符合實驗條件。如果我們真的要翻過ＤＩＰＧ的山頭，像潔寧說的，要讓奇卡成為史上第一康復的病人，我們就得走一條別人沒走過的路。所以……

我們訂了飯店。

打包行李。

飛往紐約。

我們三個坐在車裡。

我開車，潔寧和奇卡坐在後座。

奇卡開口唱歌。

「Do，唱歌兒～養樂多～」

「寶貝，是快樂多。」潔寧糾正她。

奇卡停了下來。

「什麼？」

「Do，唱歌兒，『快樂』多，不是『養樂』多。歌詞是這樣唱的啊。」

奇卡想了想，雙手盤胸。

「才不是！」

妳

奇卡，在這裡我想聊聊妳的聲音，因為我時常想起妳說話的方式，妳的聲音一直迴盪在我耳邊。

每個孩子都具有一項特質，一見面就能看出來。**這小孩適合長鬈髮。那小孩笑得很古怪。**至於妳，最特殊的部分就是嗓音了。妳的聲音完全能傳達妳自己，像變色龍一樣永遠在變。白天，妳發出有活力的高頻嗓音。到了晚上，妳講話會變得快活溫柔。早上剛醒來，妳的聲音甜膩，但像被砂紙摩擦過，聽起來實在很粗糙，潔寧小姐和我都私下開玩笑說：「奇卡該不會是開始抽菸了吧？」

妳心不甘情不願要聽話的時候，會拖長音說：「好——啦——」。事情不如妳意的時候，妳就像大砲般問個不停：「為什麼？」妳說「對不起」時，聽起來像小仙子在啜泣。玩遊戲獲勝，妳歡呼起來卻像孔雀在發脾氣（我還記得以前一起玩圈圈叉叉，妳快贏的時候，便壓低嗓子用氣音跟我說「掰啦～」，才五歲就這麼會嗆人）。

奇卡，妳有一副適合唱歌的嗓子。妳的音域很廣，妳會在晚上的時候輕輕哼歌給自己聽，但必要時，妳也能像埃塞爾．默爾曼（Ethel Merman）那樣引吭高歌。有一次，潔寧小姐幫妳換睡衣，妳一邊套上袖子，一邊唱納京高（Nat King Cole）的〈愛〉（L-O-V-E），這首歌在電影《天生一對》（*The Parent Trap*）中出現過。妳唱到最後「愛要獻給我，要獻給你——」，便伸出雙手頭往後仰，好像在開大型演唱會，接受觀眾瘋狂鼓掌。妳多麼沉浸在表演的喜悅啊！

妳的聲音就像風向雞，我們聽了就知道妳內心是否颳起小旋風。我們飛去紐約的時候，妳特別多話：妳問了我好多問題，跟空服員搞笑，從二十開始倒數看看機輪何時會碰到跑道。我們下飛機時，坐在後面的男士跟我說：「不好意思，但我真的好想告訴你們，你的女兒聲音太可愛了。」

他的話深深感動了我。我請妳跟他道謝，但我從未提過「你的女兒」這句話在我心中留下的後座力。

奇卡，眼睛是靈魂之窗，但妳的聲音是靈魂的隧道，我們每天都想念妳的聲音。聽見妳的聲音就是見到妳這個人，就算妳不在了，早上不會進到我的工作室裡、在紅褐地毯上打滾，妳的聲音也仍然存在於某個地方。

我們

「米奇先生？」

怎麼了？

「我其實沒有很喜歡紐約。」

妳跟我說過，妳恨死紐約了。

「我現在什麼也不恨了。」

奇卡翻身仰躺。

「我好喜歡那間大玩具店。」

妳真的很喜歡。

「醫院的話，就……」

幾乎沒人喜歡醫院吧。

「你為什麼要帶我去那裡？」

去紐約嗎？

「對啊。」

我往椅背一靠，思考了一會兒。

我說，是因為希望吧。妳知道「希望」是什麼意思嗎？希望是展開行動的好理由嗎？

「這樣啊，」奇卡嘆了口氣翻身。「算吧。」

——

等我們前往紐約時，奇卡已經習慣坐飛機了。她會將登機證交給海關，踏著顏色鮮豔的球鞋通過金屬探測器。她常常要上廁所，如果潔寧沒有一起來，我就會將奇卡帶到女廁，負責任地盯著手錶，站在門口守候。

有一次奇卡待得特別久，我開始擔心。一位穿著長大衣的中年女子看我站在門外踱步，便問我：「你需要幫忙嗎？」我跟她解釋狀況後，她人很好，走進洗手間扯開嗓子問：「奇卡在嗎？」

許久都沒有回音。

「誰在叫我？」

我嘴角上揚。

好心女子說：「外面有一個男的在等妳。」

「我知道啦！」奇卡大吼回應：「米奇先生嘛。」

奇卡出來時，用她的小手牽起我的手，指頭還濕濕的，她說：「我剛才在大便！」我們這才離開。

——

我知道這樣寫她的個性，一頁頁看下來，有時會讓人忘了奇卡當時正在生病。在她來的第一年，有些時候我們真的忘了她的病。她經常開玩笑、還跳舞，精力沒有用完的時候，不知情的人來看她，一定猜不到她的健康究竟出了什麼問題。就算她的臉型和體型改變，她也只是對著鏡子表示驚訝，接著晃動又增加了分量的臀部。換作是其他小朋友，至少會問自己為什麼會變胖吧？但奇卡的自信心有如岩床般堅固，不管她從鏡中看到什麼，都不會動搖。

然而，我心裡還是一直在意醫生說的**「蜜月期」**、**「腫瘤只是在休眠，沒有完全消失」**。就是因為這些話，我們才會來到紐約。我們不想被腫瘤牽制，只想把它根除。

在奇卡進行CED程序的前一晚，潔寧和我帶她散步，我們走在擁擠的時報廣場上，她看著好幾樓層高的廣告看板和霓虹燈，驚奇不已。蜘蛛人、雪寶、巴斯光年等卡通人物穿梭在人群中，她衝了過去要跟他們搭話。後來，我們要離開前，一個卡通人物把巨大的頭套摘了下來，裡面的人滿頭大汗，摸了摸頭髮。「哇！」奇卡高呼：「米老鼠裡面竟然有人！」

之後，我們去了玩具反斗城，那裡很大，有四層樓高，還有室內摩天輪。我們三個擠進粉紅色的車廂裡，車廂開始動的時候，奇卡還笑得出來，升高時她卻勾住潔寧的手臂不放，嘀嘀咕咕表示害怕。

我們大人也很緊張。那天稍早，我又簽了許多文件，同意接受手術風險。這次的可能結果多了「癱瘓」、「死亡」。蘇維丹醫生熱烈支持這次實驗，在描述癌症研究時，還用上「優雅」這個詞彙。他也簽了同意書。

他說他想問我一件事，我請他儘管問。醫生進一步解釋，他對於受試者的動機相當好奇，他想知道為什麼我要選擇這條路？他說我把奇卡一路從海地帶來這裡，支付她的醫藥費（一開始，奇卡還沒加入健康保險，多數費用都是我們自掏腰包），嘗試各種可能的療法，她甚至不是我的孩子，為什麼我要這樣做？

我被嚇了一跳，在這之前，我從來沒自問過「為什麼」。我跟醫生說，我本來就會這樣做，從來都不需要抉擇，而且奇卡究竟是誰的孩子，對我來說根本沒差。

但我也有問題需要醫生回答：對抗癌症的時候，為什麼有些醫生和專家會建議用這個方法，有些人卻會建議另一種方法呢？他們都一樣專業啊。

醫生聽了蹺起腳、點點頭，彷彿我剛才按開了鎖頭的彈簧。「事實上，我們什麼也不知道。就拿這次實驗來說，我也不知道是否用了適當的藥劑（agent），沒人會知道。但我們不能什麼也不做，就像過去數十年那樣，反覆做一樣的事情。」

那天晚上，在飯店房間準備就寢時，我眼睛盯著奇卡，心裡想著最壞的結果：如果事情出差錯，怎麼辦？如果今天就是我倆能跟她說話的最後一晚，該怎麼辦？蘇維丹醫生明確表示：只要導管放置稍有不慎，我們認識的奇卡就再也回不來了。

「米奇先生，你幹嘛一直看我？」奇卡終於忍不住問我，我不能跟她說，我其實正試著記住她的模樣，也不能說我心裡在想：在最糟糕的狀況下，我們何其有幸，能和最好的孩子作伴。

我只是聳聳肩，小聲說：「對不起。」

奇卡噘嘴搖頭，彷彿剛嘗了隱形的檸檬。「沒關係，」她的口氣像在准許我，「儘管看。」

隔天早晨，奇卡被推進手術室。那時，紐約的天空幾乎不見一絲陽光。潔寧和我在等待區找了位置坐下，喝些溫溫的咖啡、吃吃點心來打發時間。我們看看書，看看錶，站起來踱步。ＣＥＤ實驗就像籌備太空旅行，需要花費長時間讓電腦跑模擬，設定導管進入腦部的路徑，關鍵就在於精準，所以急不得。

中午過後，手術終於完成了。蘇維丹醫生走出來，如釋重負地向我們報告目前一切順利，我們可以去見奇卡了。她睡在推床上，額頭上方有一大片頭髮被剃掉，頭蓋骨中伸出一根導管高高翹起。我們知道這根導管要插在裡頭十二小時，讓放射性碘抗體緩緩滴入，直接進入腫瘤中。

由於藥劑具有放射性，如果我們要陪奇卡過夜，就要睡在鉛合金擋牆的後方，以免接觸太多輻射，還要穿戴小型裝置，監控輻射暴露量。醫療人員警告我們不可以太靠近奇卡，就算接近也只能待個幾秒鐘。這感覺就像進了核電廠，而奇卡具有放射能似的。

儘管醫療人員建議我們去其他地方過夜，潔寧跟我都不想讓奇卡獨處。她在戰鬥，我們也要一起。於是，我們坐在擋牆後方的椅子上休息，要是發現對方的監視器亮起來就講一聲。夜晚來了，很久之後才離開。

4

在孤兒院，晚禱結束之後便是就寢時間了。孩子們解散，拖著腳步走進房間。年紀最小的孩子都被白天的氣溫給熱壞，常常讓保母抱著抱著就睡著了。年紀大一點的，則會四處遊蕩，找藉口待在外面不進去。室內幾乎沒活動能做，沒電視，沒電腦，沒電話。整個城市停電的時候（其實每晚都會停電），除非有人啟動發電機，不然所有人都會陷入完全的黑暗中。

我會走進一間間的寢室，說床邊故事。比較小的孩子，我跟他們說公主與獨角獸；年紀較大的孩子，就說超能力高中生的故事。之後，我會一一親過他們，再道聲晚安。偶爾會有小女孩點歌，我就唱一首。這時她們會靜下來，趴在床上專心聽。我之前在哪邊看到一個說法，據說最早的音樂作品可能就是搖籃曲。不管這是不是真的，搖籃曲確實能幫助孩子入睡。

奇卡來美國之後，我問她熄燈後想不想聽搖籃曲。她說好，於是我唱了一首，隔天又唱了一首，再隔天……搖籃曲成了我們的睡前儀式，在她快要睡著前，我坐在她床邊，摸摸她的頭，哼著布拉姆斯的搖籃曲，但歌詞是我自己想的：

唱首歌，說晚安
小小奇卡快快睡
唱首歌，說晚安
放心閉上眼睛吧
唱首歌，說晚安
我親愛的快快睡
唱首歌，說晚安
閉上眼睛做夢去

不知道歌詞她聽不聽得懂，總之她聽了會睡著就好。過了好幾個月，潔寧跟我必須出門，奇卡就跟我們的朋友傑夫和派蒂過夜。那天晚上，我收到一段影片。

派蒂傳訊息來：「奇卡想跟你說說話。」

穿著睡衣的奇卡待在黑漆漆的臥室裡，看著鏡頭開始唱歌：

唱首歌，說晚安
我親愛的快快睡
唱首歌，說晚安
像平常那樣快快睡！

最後奇卡說：「晚安囉，米奇先生！」還送了一個飛吻。

到了現在，這段影片我還是每看必哭。

我

奇卡，我想讓妳知道是誰教我如何當父親。

我的父親是個好人，他活到八十八歲，妳跟他見過一面。那時他滿頭灰髮，彎腰駝背，要靠輪椅才能移動。不過他年輕時長得跟我現在非常相像，只是他的鬍子更濃密，頭髮往後梳，那個年代流行那樣。

我的父親名為艾拉（Ira），在布魯克林長大，在家中排行第二，跟我一樣上有姐姐、下有弟弟。我的祖父是波蘭裔水電工，他跟我父親說，做事要先學會動腦再動手。我父親從高中念到大學，又進入空軍服役，之後當了會計。他不是漫無目的行動的人。

我的祖父話很少，父親也是一個樣。從小到大，我和姐姐、弟弟都知道，從父親口中說出的話都會成真。我想不起他有滔滔不絕的時候。他只有必要時才開口，說完也不會補充什麼。父親聲音低沉，像男中音歌手（他曾夢想要當歌劇演員），所以簡單講幾個字聽起來就像聖旨，大多數時候他都相當嚴肅。

父親習慣早起。他喜歡喝咖啡，聽大樂團編制的爵士樂，看報紙。他這人很有耐心，工作勤奮，衣裝打理絕不馬虎。西裝絕對燙到有摺線，襯衫永遠紮進去，連週末也不例外。父親會做菜給我們吃，例如我們很喜歡的炒蛋配義大利香腸，還有罐頭鮪魚沙拉，他努力攪拌沙拉，攪到最後像奶油一樣能抹開。父親從來不會刻意引人注目，也沒有其他嗜好分散他對孩子的注意力。他不打高爾夫，不打撲克牌，完全接受上一代傳給他的價值觀：男人顧家萬事足。

父親看起來能幹，其實還散發出一種具有保護性質的溫暖光芒，讓人覺得可以依靠。我的外祖父心臟病發過世時，母親才十六歲。父親當時十七歲，是他跳進來把母親一家人穩定下來。那時，我的父母才交往不到一年，但父親就會幫母親家人做早餐，下午做家事，還身兼父職照顧年紀還小的舅舅。對一個高中生來說，這實在是相當巨大的責任，但認識我父親的人都知道他扛得下來。我記得從很久以前，就一直有人來找他問問題、幫忙、借錢。面對這些請求，他閃都不閃，然而這些年過去，不知道父親是否會感嘆他沒經歷過無憂無慮的青春歲月。有時候，你還沒學會走，就被人生催著跑了。不過，父親從來不抱怨。

待在父親身邊，我就感覺安全。我記得大約六歲時，我跟他去附近的湖邊游泳。夏天熱起來以後，我們家都會過去，其他人家也是。那時我就像個孩子，到處划水探索。

我父親說：「不要游太遠。」但我一直游，游到一片陌生水域。突然之間，有一群正在胡鬧的大男孩指著我大喊：「去抓他！」我不知道他們怎麼會那樣，也不知道他們是否在開玩笑，但我記得自己嚇得要命，馬上警覺到自己已經距離父親相當遙遠。我使出洪荒之力拚命游泳，瘋狂打水，還喝進許多湖水。那時我篤信大男孩們會抓住我的腳，把我關進祕密水牢。我一游回父親身邊，就抱住他的腰喘氣。當我再往大男孩的方向偷瞄，他們已經離去。

父親絲毫不為所動，也沒問我發生了什麼事。但直到現在，我還記得用濕漉漉的雙手抱住他腰的感覺，還有那觸覺代表的安心。這麼久以來，我都認為當父親就該這樣，讓小孩覺得有爸爸在什麼都不用怕。可能就是這個緣故，我才接手海地孤兒院。或許，我也變得跟父親一樣了。

我之前說過，妳跟他見過一次面。還記得嗎？那時我們去加州找他，他住在一層樓的小房子裡。那時我母親才過世不到一年，他為此遭受嚴重打擊，嚴重到超過我能理解的程度，連之前中風讓他不能行走、不能清楚說話，都沒有這次嚴重。他們結婚六十四年，失去母親的父親傷心難過。我希望帶妳去探望他，讓他振作起來。

我們到了他家，我說：「奇卡，這是我爸爸。」妳看起來不知所措，可能看到我也有爸爸很震驚吧。但妳還是給他一個擁抱，在他耳邊喊「爸爸」。他看到妳頭上的花花髮帶，聲音微弱地讚美：「很漂亮。」

後來，妳坐在房間對面的沙發上，跟父親的看護嬉鬧。妳故意耍笨，發出噪音，父親轉過來跟我說：「這小孩很吵，不是嗎？」我跟他重述妳的背景、妳的病況、我們經歷過的療程，這些事情我在電話上都跟他提過，但不確定他能記得多少。要是在從前，他一定能夠深思熟慮之後回答，但是到了生命盡頭，他只能聳肩以表示回應。時光這個竊賊可真會偷啊。

我們看著妳跟大家開玩笑。我提到妳已經來美國半年了。

我說：「我都不知道會這麼辛苦。」

父親咳嗽，在輪椅上挺直身子，不知道他是否聽見我說什麼。接著他開口，聲音快斷掉一般：「養孩子就是這樣。」

奇卡，父親過世時，我覺得自己失去了方向，卻打從內心深處苦苦追求已然消失的慰藉。我對他的思念超過自己所能想像，我的姐姐和弟弟也這麼跟我說。父親走了，卻讓人更加體認到他的存在。有些我覺得理所當然的事，再也沒人幫我做了。

聽說人老了都會變得像自己的雙親。如果這是事實，如果我曾經讓妳感到安心，就像父親對我那樣，我就可以感到欣慰了。我記得妳有好幾次跟我走著走著，不用我問，妳也會伸出手來牽我。小小的手指滑進我的手掌中，我真想告訴妳那是什麼樣的感覺，但文字太渺小了，不足以描寫。

我只能說，妳的舉動讓我覺得自己像個父親。如何扮演父親這個角色，我大部分的工夫都是跟爸爸學的，最後一部分卻是從妳身上學到。大概是因為這樣，我們埋葬他的那一天，妳也回來了。這件事我一直放在心上。

—

順帶一提，妳有很多髮帶，有粉色系、點點圖案，每條還可搭配大大的花朵造型髮夾。我們幫妳別在額頭左上方，遮住被醫生剃掉的頭髮。在斯隆凱特琳紀念醫院做完CED的隔天，妳意外發現自己的頭禿了一塊。

那時，蘇維丹醫生跟我們說實驗進行得很順利，放射性藥劑進入腫瘤中均勻擴散，接下來只要等待效果產生就好。潔寧小姐和我躺在醫院的椅子上，昏昏沉沉。妳說要去洗手間時，潔寧小姐緩緩起身，半夢半醒地帶妳進去。

突然一聲尖叫傳來。

「**欸**！我的**頭髮**怎麼變這樣？」

我們忘了洗手間有鏡子。

「**欸**！」妳不斷大叫：「**欸！你們看！**」

妳聽起來不像在生氣，比較像是興味盎然。妳摸摸自己的頭皮說觸感很妙。我們給妳一頂羊毛帽，妳滿喜歡的，把帽子和醫院睡衣一起穿搭。後來，我們發現妳更喜歡花朵髮帶，接下來幾個月妳出門必戴。妳會在髮帶上別三朵花，搭配荷葉邊上衣和繽紛的褲襪，套上毛茸茸的外套和閃亮亮的鞋子。沒人知道妳頭上禿了一塊，妳看起來就像閃爍著光芒的小禮物。

我們

又過了兩個月，我才再見到奇卡。這段時間裡，我整理照片，看影片。早晨的時光來了又走，她都沒來見我，只能靠著數位檔案回想她的臉蛋和聲音。

我繼續往下寫，想到了一個關鍵：她之所以出現，純粹來自我的想像，但如果我真能想像出她的模樣，為何不能照我的意思隨時召喚她？但我這麼做的時候，卻發現那跟召喚夢境一樣徒勞。

十月過了，十一月接近尾聲。感恩節到了，我們家照例要慶祝三天。星期天早上，幾位表親早早敲響我家前門，來準備料理。我穿著睡衣讓他們進來，接著直衝工作室，趁家裡擠滿人之前，享受最後一刻的個人空間。

進到工作室，我整理文件，關掉電腦。

「米奇先生，你要去哪裡？」

奇卡出現在書櫃旁。她穿著長版粉紅睡衣、藍色長襪、兔子拖鞋，抱膝而坐。

早安，漂亮小妞。

「你要去哪裡？」

不先跟我說早安嗎？

「米奇先生早安。」

我要去樓上。

「為什麼要去？」

大家都聚在樓上，等一下還會有更多人來。感恩節到了。

「就是要吃橘色馬鈴薯的感恩節嗎？」

你是說番薯嗎？對。

奇卡思索了一下。

「我們躲起來吧。」

躲家人嗎？

「對啊。」

但是我喜歡他們。

「喜歡的人也可以躲呀。」

為什麼要躲他們？

「讓他們來找你！」奇卡的小嘴大大張開，雙眼睜得圓圓的，一副不可置信的模樣。

「你不想讓他們**找到你**嗎？」

我笑了，因為她的口氣聽起來如此熟悉。她還在世的時候，如果有人沒跟上她的邏輯，她常會倒抽一口氣。還記得某天早上，她在我桌邊一邊塗鴉，一邊唱「Supercalifragilistic expialidocious」。突然，她就停下來砰砰砰敲紙。

「換**你**唱了。」她聽起來很堅持。

我？

「對，你快唱！」

那個字要怎麼念？

她猛吸一口氣，表情扭曲，就跟現在一樣；她露出非常純粹、專屬孩子的不耐煩神色。「你**從前**沒有看過**瑪麗．包萍**（Mary Poppins）嗎？」她大喊：「你腦子**還好**嗎？」

我憋笑說，不好意思喔。

她嘀咕說：「你只要再看一遍。」說完便回去畫畫。「沒什麼關係。」

順帶一提，她這種表現並非憤怒，而是完完全全體驗生命中的感受，忍不住吼叫出來。這種時候，我都覺得自己坐上了奇卡的魔毯，不知道她的思緒會帶我飛到哪裡。

場景轉到現在。奇卡跟我說：「你可以跟我躲在這裡。」她縮緊雙膝靠近胸口。「我們來躲在毯子底下。」

然後呢？

「然後，他們就會來找你。他們一問：『米奇先生在哪裡？』你就跳出來說：『我在這！』他們會說：『喔，你看，他在這！』」

他們也會看見妳在這嗎？

她抿嘴。「不會，不會。他們看不見我。」

為什麼？

她沒有回答，反而告訴我：「我要去海地了。」她拿起沙發上的毯子往頭上一蓋，消失得無影無蹤。

奇卡來美國六個月了。我們帶她回海地過聖誕節。過節在孤兒院是件大事，有很多傳統活動要進行，像是演出耶穌誕生劇，在宿舍中掛出襪子，吃一年一度的大餐，菜色包括山羊肉、炸芭蕉、帶辣味的海地泡菜。

她整個人簡直樂昏頭。出發前一晚，她爬上床給我搔癢，直到我向她求饒為止。接著，她問我回去的流程，一步步問得很仔細。

我一一說明，她眼睛逐漸闔上。現在的她已經不是剛離開海地的模樣了。她少了頭髮，少了牙齒，經歷過手術，服用類固醇……。我問她會不會害怕回去。

「有一點怕。」她伸出拇指跟食指，稍稍分開指間的距離。「我會流出喜悅的淚水。」

她之前從來沒這樣說過，不知她為什麼能想到這樣的說法。

隔天早上，奇卡為了以示慎重，穿上白長襪和球鞋，搭配無袖上衣和萊姆綠帽T。我們坐飛機時，她緊盯著窗外。機上許多乘客都是海地人，有時她會突然轉頭說：「你聽，他們講的話跟我一樣！」

飛機在太子港降落後，她在跑道上跑了起來，把我拋在後頭。機場樂隊看到來賓便開始演奏，斑鳩琴、手風琴、吉他、邦哥鼓齊下。她在走道上跳舞，扭動身子，一副真正回家的模樣，只有家才能讓喜悅完全釋放。

亞倫在提領行李處等著我們，我們上了他的車。車子開進宣教院大門時，奇卡縮到駕駛座椅背的正後方。孩子們聽說她要回來，等到車子開進去便直喊著：「奇卡！奇卡！」亞倫興致勃勃地回頭看，問她：「妳聽見了嗎？」

「不要看我！」奇卡高聲尖叫：「看別的地方！」

車門打開，一群人急急忙忙衝過來。保母大吼制止，小孩子蹦蹦跳跳，好多隻手湧到她身邊，把她抬了起來，許多人親吻她的臉頰。最後她終於被放下來，站在泥地上，扭動小腳上的黑鞋。接著，她脫下帽T衝向鞦韆，自己跳了上去，愈盪愈高，其他孩子就聚在

妳

我們家的廚房有一根頂梁柱，從地板延伸到天花板。不知何時，我們開始用這根柱子測量全家人的身高。外甥、姪女生日時會站在柱旁量身高，用鉛筆寫下測量的年份。

奇卡，妳剛來美國時，我們也替妳量了身高，在妳頭頂與柱體交會處畫了一條線，名字就讓妳自己寫。每隔幾個月，妳會想重測。如今，妳的身高記錄都還在上面。

孩子就像縮成一團的時間，會慢慢展開，但妳的時間軸有兩條：一條代表妳，一條代表腦中異物的發展程度。時間是我們的朋友，也是敵人。時間過去，妳長高了，頭髮也長回來了。妳的乳牙掉下來，得到牙仙的金幣。妳學會英文的大小寫，語言能力進步神速。如果我用克里奧語跟妳講話，妳會翻白眼說：「米奇先生，這裡是美國。」

我們也時常回診，做抽血檢查，照腦部ＭＲＩ。次數相當頻繁，所以有一次，我提醒妳進了機器要躺好，妳便抱怨：「我知道啦。」然後刻意挺直全身，證明妳真的知道。

當時我們希望能撐過這個月，再撐過下個月，就像攀住樹藤盪過醫療的叢林。雖然ＤＩＰＧ患者**沒有一個能熬過來**，實在駭人，但總會有誰發明顛覆性的療法吧？例如最新的雷射技術，或不經意發明了新藥之類的。史丹佛有位醫生用抗癌藥物帕比司他（Panobinostat）獲得初期成功；墨西哥的整合醫療診所也有消息傳來；以倫敦為中心的團隊正在發展「多進出口ＣＥＤ傳輸法」（multiport CED deliveries），很像斯隆凱特琳紀念醫院的蘇維丹醫生所做的實驗，但倫敦團隊一次使用四根導管。

每天晚上妳都會禱告，妳禱告完換我們，一起默默祈禱世上的某處實驗室，有人看著顯微鏡說：「**看，這個有效**。」奇卡，人在尋找武器對抗不可對抗之力時，就會產生這種幻想。妳在六月動手術取出部分腫瘤，七、八月接受放射治療讓腫瘤變小，但從九月直到隔年三月，其他療程都沒有產生作用。

這是好消息，也是壞消息。不管我們嘗試過什麼方法，例如幾個月之後再做一遍

ＣＥＤ，腫瘤依舊盤據在原處。它像隻冬眠的熊，雖然不會齜牙咧嘴，卻待在原地動也不動。監測器上的綠色區域顯示，直接注進妳腦幹中的藥劑分布良好，事實上卻沒有發揮功效。我想起自己跟醫生的談話（**「我也不知道是否用了適當的藥劑」**），駭然發現即便醫療人員身著白袍在實驗室中奮戰，但要對抗ＤＩＰＧ，其實是在黑暗中飛行。

—

時間推進的同時，我們也專心製造快樂的回憶。一月從海地回來之後，我們幫妳在「雨林咖啡」辦了六歲的生日派對。那是一間吵吵鬧鬧的動物主題餐廳，妳身邊圍繞著小朋友，有我們的姪甥、朋友的孩子，妳戴著生日蛋糕帽在餐桌之間奔跑。蛋糕端出來時大家歡呼，潔寧小姐和我手牽手，她對我低聲說：「八個月了。」我想起嘉爾頓醫生之前保守估計，妳活不過四個月。

到了二月，我帶妳體驗人生第一次滑雪橇。上到山頂時，妳整個人蜷縮起來，不敢張開眼睛，但滑下山時妳樂得放聲尖叫。我跟上妳，看見妳的臉被濺起的雪花弄濕，妳笑到幾乎沒法把話說好：「可以**再玩一次**嗎？」

到了三月，我們安排妳上游泳課，因為妳很喜歡這項運動。妳戴著泳帽和蛙鏡，活像一九二〇年代的小小飛行員。妳潛進水中時尖叫，浮出水面時又尖叫，妳大喊：「潔寧小姐，妳下來！**妳**下來！」

到了四月的某一天，我開車出門工作，妳在家上游泳課。十分鐘後，我的手機響起，是潔寧小姐打來的，她聽起來跟平常不同，口氣急促驚慌。

「馬上回家，奇卡在泳池裡吐了。」

"Malè pa gen klakson."

（厄運不會按喇叭。）

——海地諺語

第四課　頑強的孩子

查德．卡爾過世了。

躺在父親懷中被抱進球場的天真金髮小男孩走了，他離世時正好是罹患ＤＩＰＧ的第十四個月。我聽到消息時打了寒顫，潔寧哭了起來。

查德的祖父是知名教練，所以查德的死訊全國皆知，所有焦點都罕見地集中在致命的ＤＩＰＧ上。大家想起一九六二年，太空人阿姆斯壯還沒登月，就先失去了罹患ＤＩＰＧ的兩歲女兒。這麼多年過去，幾乎什麼也沒改變。ＤＩＰＧ依然是個怒氣沖沖的小偷，專挑有孩童的家庭，偷走他們的現在**和**未來。

卡爾家人成立了紀念基金會「頑強的查德」（Chad Tough）。奇卡，雖然現在妳不在我身旁，不能聽我念這段文字，我還是想和妳分享我對「**頑強**」這個詞有什麼看法。孩子（尤其是失去健康的孩子）的靈魂儘管年輕，卻具有頑強的特質。他們身邊的大人再怎麼發愁，也能透過孩子的頑強獲得安慰。

這就是我的第四課。

跟妳講一個故事。這發生在我們第二次去斯隆凱特琳紀念醫院做ＣＥＤ的時候。妳再度接受放射碘抗體輸液，液體從大箱子中流出，透過長長的軟管進入妳頭上的導管。

事情發生時大約凌晨三點，我睡在妳病床對面鉛製擋牆後方的椅子上。睡著、睡著不知何故，我突然張開眼睛，看見妳在黑暗中站在我面前，還歪著頭，那畫面就像恐怖電影。妳頭上插著導管，後面的導線繃得像鋼索一樣緊。

我尖叫：「奇卡！」

妳的聲音睡意濃厚，「我要去那間玩具店。」

我把妳推回床邊，希望妳沒把導管扯鬆。我高聲呼喊護理人員，他們衝了進來，一臉震驚。接下來一個小時，我們焦急等待，直到蘇維丹醫生出現。他也相當震驚，沒有哪個患者會在療程進行中下床走動，更別說是在房間裡大幅移動了。

幸好妳沒有傷到半分，我們如釋重負，身子癱軟下來。隔天早上，妳竟然什麼都不記得了。

孩子真是頑強啊。我去過許多兒童醫院，每次去心裡都會浮現出一個詞彙「**抗壓性**」。我看到孩子們一邊接受化療輸液，一邊玩桌遊，在走廊上能看見他們拖著點滴瓶衝去勞作室。

奇卡，妳也具有抗壓性，妳在醫院裡抵抗，在孤兒院裡抵抗。事實上，妳從出生後第一週起，就跟媽媽、姐姐睡在甘蔗田裡，那就是抵抗。後來在孤兒院裡，幾乎所有的孩子都因為病媒蚊而感染了屈公病，妳只是往頭上蓋一條毛巾濕敷，睡在涼亭裡熬過這一切。

回到妳在泳池邊嘔吐的那天，我衝回家看見潔寧小姐抱著妳。妳被裹在大毛巾裡，眼皮垂了下來，身上飄散著氯氣。然而，妳依舊毫無抱怨，只是不能繼續游泳了很不開心。

我們很快就掛到莫特兒童醫院的門診。一開始妳就是在那裡動手術，院中有一個小團隊追蹤妳的病例，其中有兩位成員特別值得一提：第一位是小兒神經腫瘤醫生派翠莎・羅伯森（Patricia Robertson，妳都叫她派特醫生），另一位是明星研究員卡爾・寇許曼（Carl Koschmann，妳稱他為卡爾博士）。如果卡爾脫下白袍套上T恤，就跟站在搖滾演唱會第一排的歌迷沒兩樣。

他們在各自的專業領域耕耘了三十年，組成奇妙的雙人組。他們會檢查妳走路講話的模樣，還有眼睛跟反射動作。妳習慣了這一切，會一邊打呵欠，一邊接受檢查。不過他們是用他們慣用的量表來判斷妳的成長指標，跟在家量身高、在廚房柱子上畫線不一樣。

泳池嘔吐事件過後不久，也是在海地做第一次ＭＲＩ檢測之後十一個月，醫療人員告知我們最不想聽見的消息：

異物醒過來了。

最新的掃描顯示腫瘤正在成長。我們注意到妳身上微小的改變，例如左眼愈來愈不聽使喚、步伐變得奇怪等等，都跟腫瘤的成長有關。腦中壓力改變，身體失去平衡，可能導致妳這次嘔吐。

派特醫生建議我們盡快進行藥物療程，我們聽了內心交戰。使用藥物，就代表還是要回到化療，而化療沒有治癒過任何一個ＤＩＰＧ患者。我們打電話給每個認識的人打聽意見，找別的法子，但是時間一分一秒過去，妳的狀況愈來愈糟。

儘管百般不願，我們還是將妳送回醫療的世界，因為我們要持續作戰，抓住這根樹藤盪到下一根去。潔寧小姐大量閱讀腦部疾病的書籍，向癌症專家諮詢。除了讓妳服用醫師處方藥，她還添加維他命、營養補充劑、抗生素等，要妳喝下。每天，她都幫妳準備超大杯的「營養奶昔」，好維持強壯的身體抗癌。奶昔有巧克力、香草、草莓口味，一開始妳很喜歡，後來得用勸的妳才喝得下去。

幸好妳吞嚥藥丸毫無困難，還常常自己發明吞藥的小遊戲。有一次在車廂後座，我準備了一湯匙的蘋果醬和一顆藥丸，妳竟誇口說：「我可以吞兩顆。」我說：「真的嗎？」妳說：「看我的！看喔！」妳將兩顆藥丸放進蘋果醬中，含住湯匙咕嚕吞了下去，接著伸出舌頭。

「不可能吧！」我說。

「不可能吧……」妳開開心心學我講話，「喔耶！」

妳從來不問吃那些藥有什麼用，只會一直想辦法找樂子，就算遇到最無可救藥的情況，妳也想救自己。妳的走路能力惡化，有時候會跌倒，但妳會笑著大喊：「我摔在自己的**屁股**上！」妳的腳因為神經退化而刺痛，妳會跺腳說：「我的腳在給我搔癢癢。」後來妳的眼皮和嘴角愈來愈垂，妳便照鏡子做鬼臉，彷彿在跟自己的新模樣比醜。

奇卡，我看著妳跟病情搏鬥，心裡覺得很痛苦，思索要如何安慰妳，帶給我同樣的痛苦。某天，我看妳跌跌撞撞走到玩具櫃前抓住一個玩偶，整個人往後倒。妳好像打從心底認為走路太辛苦了，就把玩偶塞進胸前的衣服裡，爬著離開。妳爬到廚房中島底下的空間，在那裡假裝自己是玩具店老闆，全世界都得彎腰來跟妳買單。

奇卡，這一幕令我落淚，我轉過身不讓妳看見。妳接受現實，在地面的高度玩耍，妳比我還要頑強，妳帶給我們安慰，雖然急著要安慰妳的是我們。

我們

「米奇先生？」

怎麼了？

「聖誕節快到了。」

她坐在自己的小椅子上，穿著藍色洋裝、拖鞋，搭配粉紅色的飛行帽。她拉下帽子的耳罩，蓋住雙頰。感恩節早上她憑空消失後，還出現過幾次，但現身時間愈來愈短，每次出現，穿的衣服顏色都不一樣。

我問她：每次過聖誕節，妳都記得嗎？

「我過了幾次呢？」

妳跟妳媽媽過了兩次。

「但我那時還很小！」

後來還跟教母過了一次。

「在孤兒院裡有幾次？」

三次。

「在米奇先生家過了幾次？」

一次。

「什麼時候的事情？」

去年。

奇卡鬆開飛行帽的耳罩。

她嘆氣：「我懂。」

懂什麼？

「對小女孩來說，只過這麼幾次聖誕節不夠啊。」

妳

我有一天回家，發現妳在跟我們的朋友妮可（Nicole）打牌。妳抽一張牌，她也抽一張，她說了笑話讓妳哈哈大笑。這看起來再尋常不過，只是妮可大妳三十八歲。

在妳結交的美國朋友中，她還算是年輕的。

妳跟著我們的朋友傑夫（Jeff）、派蒂（Patty）一起去露營，他們已經有孫子了。潔寧的妹妹凱西（Kathy）和翠西亞（Tricia）五十多歲，她們會帶妳去做指甲。我們的朋友凡爾醫生（Dr. Val）六十多歲，她會帶妳去她家跟狗玩。

妳交遊廣闊，朋友的年齡比妳大二十到五十歲。雖然他們幾乎都是我們的同事或親友，妳還是叫他們「朋友」。妳有一種特殊能力，遇到誰都能立刻收編；他們都說之後再來找妳玩。例如在海地出生的個案管理師瑪嘉芮絲（Margareth）、按摩師琳恩（Lyn）和卡蜜拉（Carmella）、親戚安瑪麗（Anne-Marie）、我的同事法蘭克（Frank）、馬克（Mark）、馬可（Marc）、喬丹（Jordan）。其他還有瑜伽老師、熟食店老闆、音樂家、護理師等等。妳是個吹笛手，後面跟著一排大人，他們的孩子都已離家，和妳相處可以讓他們重溫年幼靈魂帶來的驚奇。

當然，妳也想要有同齡孩童陪伴，要是潔寧小姐跟我再年輕一點，我們的姪甥就會和妳差不多年紀，但他們現在也都長大了。我們帶妳去其他有小孩的場合，例如市集、教會活動、當地健康俱樂部的節慶活動，但有時候其他小孩不懂妳的特殊，不知道妳所面對的艱難。妳走過去又走回來，跟我們說：「他們不想跟我玩。」

妳很努力要交朋友。妳會在萬聖節舞會上插隊，妳給女生看妳的茶具組，但一遇到新朋友妳就舌頭打結，把自己所有的東西都拿出來給人看，有時候他們東西一拿人就走了。我仔細看著妳空洞的眼神，希望他們會回來找妳。但我看了心都要碎了。

妳想念上學的日子。我們也想重現學校的氛圍，但因為經常就醫，只能讓妳在家自學。我姐姐卡拉（Cara）幫忙設計課程，她也負責孤兒院的課程。退休教師黛安（Diane）女士坐在妳身旁好幾個鐘頭，教妳拼字、數學。我們還讓妳穿上海地的學校制服：紫上衣、海軍藍短裙，配黑鞋白襪，讓妳感覺更像回去上課。

但這裡並不是學校，學校裡會有幾十個小朋友又笑又叫，用衝的進教室。學校不像這裡，只有一張對著家中後院的孤單餐桌。

—

不過妳在美國**的確**結交了一些朋友，其中一個就是我們的姪子艾丹（Aidan），妳剛來美國的時候他八歲，馬上對妳一見傾心。他講話很溫和，做人有禮貌，褐色頭髮上總有一撮翹起來。妳玩什麼，他都要跟著玩，妳看什麼，他也跟著看。過了幾個月，套句我祖母的話，妳顯然對他「甜滋滋」的。每次他來，妳都要打扮一番。他真的到了，妳就會臉紅、話變少，甚至變得彬彬有禮。

有一次，我帶你們兩個去附近的電子遊樂場，我把十元鈔票換成二十五分錢的銅板裝進紙杯。要是當時只有妳和我，妳可能會作勢要搶走我的紙杯，但妳那天只是看著艾丹說：「我這杯太多了。」然後倒了半杯的銅板給他。

妳跟艾丹一起坐船，一起去水族館。有一次在他家，你們一起看恰恰影片跳舞，他跌倒的時候，妳竟然打他屁股。

只要妳提到長大結婚（妳總是一直提起），我們就會逗著妳問艾丹如何，妳不是傻笑，就是說：「不知道啦……再看看……」

我還記得某個夏天晚上妳說的話。那時妳來美國一年多，行走能力嚴重下降，左眼再也不能眨動，還要接受一個療程，把針頭刺進手臂中好幾小時都不能動。當時妳躺在床上，才剛看完一部公主電影。妳問道，以後妳會跟王子結婚嗎？

潔寧小姐說：「跟艾丹結婚怎麼樣？雖然他不是王子，但他人滿好的，要不要考慮看看？」

妳做了個鬼臉。「艾丹不會跟我這樣的人結婚。」

我們面面相覷。

「奇卡，妳為什麼要這樣說？」

「艾丹不會跟不能走路的人結婚。」

妳的語氣是那麼自然，那麼公事公辦，我們聽了不禁屏息。等我們回過神來，說了大人該說的話，告訴妳疾病和健康都無損於愛，我們的內心卻在顫抖，因為我們在妳身上看到一個態度，自從妳生病以來，我們都鼓不起勇氣展現的態度——接受。

雖然面對每一項療程，奇卡幾乎都很勇敢，但她還是害怕針頭，她說打針很「討厭」。奇卡敢做MRI，能接受放射治療，甚至能讓別人在她頭上插導管，但針頭一靠近，她便一直盯著，不管護理師怎麼藏都沒用，不管我怎麼抱住她的頭說：「Gade mwen（海地克里奧語「看著我」），奇卡，看我。」但她還是會忍不住盯著針頭看。

雪上加霜的是，她的血很難抽，血管不好找。護理師說她是「硬棍子」，為了抽血，她必須被針頭反覆戳刺。她最討厭這樣。

奇卡開始服用癌思停（Avastin），這種藥能讓腫瘤吸收不到養分。藥物透過她手臂上的點滴進入身體，這過程一直都很辛苦，但到了二〇一六年的六月，也就是她診斷得到DIPG的一年多後，這療程再也無法進行，因為血管已經找不到了。

某次插點滴前，護理人員先在她的左手血管找了兩次。他們用黃芥末色的橡皮管纏住二頭肌，用酒精棉球擦拭皮膚，接著將針頭戳進去，但運氣不好，沒找著，奇卡放聲尖叫。他們再試試看右手血管，纏上橡皮管後，重複同樣的動作又戳了進去。

「沒中。」護理師低聲說。

護理人員請來一位「找血管專家」。她將溫熱的敷布放在奇卡的手上，拍拍皮膚，卻找不到適合的點。專家試另外一隻手，重複同樣動作，她提醒：「最多試四次。」

最後，她在奇卡的手腕上方一吋處，將針頭刺進去。奇卡哭喊起來。

她哭叫：「叫他們不要弄了！」

「快弄完了，寶貝，快好了。」

「米奇先生，叫他們不要弄了！」

我的心跳得好快，想跪求他們快點結束這一切。最後點滴終於吊好，不過才一會兒，血液就出現在軟管中。專家皺起眉頭。

我問：「怎麼了？」

「血管被我們抽壞了。」

護理人員收拾好器材，離開前勉強擠出笑容。就這樣，今天不投藥了。護理師找人來建議我，要在奇卡胸口裡裝一個皮下輸液塞（port）。她說：「以後應該都抽不到血了。」

護理人員給奇卡一張卡通貼紙，她不想拿。我抱起走路一拐一拐的奇卡，她臉上還帶著淚痕。她伸出手要我握住，那隻手因為一直擦鼻水，濕濕的。奇卡低聲說了之前從沒說過的話。

「我要回海地。」

我

沒什麼比進食更讓奇卡開心，她什麼都想吃吃看。我記得某個溫暖的夏夜，我們坐在戶外吃著黎巴嫩食物，奇卡哼著：「Baba...ghan-oush!（茄子醬！）」她覺得這個詞很妙，接著她笑了一下繼續吃，吃完繼續哼：「Baba...ghan-oush!」

她才六歲。

吃什麼才能促進健康，避免危害身體，潔寧自有一套規矩。糖分被列在禁食清單上，因為攝取糖分會讓腫瘤長大。基於同樣理由，精製食物如點心和洋芋片也被禁止。

但奇卡只是個孩子，看到這些食物依然嘴饞。有一次家族聚會，我找了張沙發坐下，她就用枕頭擋在她跟我之間。

我微笑問她：「妳在擋什麼？」

她小聲說：「你不要生氣。」

「奇卡，我為什麼要生氣？」

她慢慢移開枕頭。

後面有一包奇多玉米脆棒。

有一次，她跟著妮可去參加婚前派對。回程時，妮可看看照後鏡，奇卡睡得可安詳呢。結果到家後，妮可才發現後座上都是Hershey's水滴巧克力的包裝紙，原來是奇卡打開一個禮物籃，一口氣吃光所有的巧克力。

後來，潔寧想跟我提這件事，奇卡摀住我的耳朵。

她阻止我聽：「不可以不可以不可以不可以。」

「什麼？讓我聽。」

「好，但你不可以大暴怒。」

大暴怒？

當然，我們從來沒為這種事發過脾氣。事實上，我們很不喜歡讓她感覺被剝奪，也不喜歡讓她意識到自己生病。聽到一定要在奇卡胸口裝輸液塞時，潔寧哭了。這樣一來，奇卡每天都會看到自己胸前有個塑膠泵。

潔寧說：「這很容易感染。」

「不然能怎麼辦？」

「我就是不安心。」

「妳不安心，」我嘆氣，「但還有其他方法嗎？」

啟用輸液塞之後的隔天，我帶著奇卡回海地做每月的探訪，算是獎勵她很會忍耐。那時是七月中，一年之中最炎熱的時分。潔寧給奇卡穿白短褲配萊姆綠的T恤，再戴上白底綠花的髮帶。奇卡想要在孩子們都睡著之後偷溜上床，這樣隔天大家醒來就會說：「大家看，是奇卡耶！」飛機準備降落時，她用軍事行動的精準角度審視自己的計畫。

這次旅行她特別興奮，可能開始覺得美國很煩了吧。總是去醫院做療程什麼的。她現在自行走動有極大困難，即便是睡覺，左眼也無法完全閉合。後頭的頭髮都沒了，大腿也因為體重暴增暴減，長出了生長紋。她的嘴型就像倒下的水滴一樣歪斜。

我們也發現奇卡愈來愈沒耐心，愈來愈會抗拒。她常常大喊：「不要！」然後就跑到桌底下躲起來。她一這樣做就會延伸出後續的劇場，我們不會因為同情她就不教她，而且我們希望一直教下去，因為她人生還長得很。

有一次，她拒喝營養補給品奶昔。潔寧說：「奇卡，我們是要照顧妳。」她扭頭大叫：「你們才不是！你們就想懲罰我，把我的東西拿走！」

我插手發聲。

「奇卡，如果妳想去艾丹家，奶昔就要喝完。」

「如果你們想**繼續管**，就把**自己打的**奶昔喝掉！」奇卡回嗆。

我不能說這些話沒有造成影響，有時聽了也會心痛，但我們知道她說得很有道理。要她去睡覺或吃青菜，她都不反抗。如果她不想喝有藥味的奶昔或照ＭＲＩ，這能怪她嗎？這感覺像是有一堵看不見的牆擋在我們面前，我們不想跟她解釋得太深入，也不想嚇壞她，或讓她的負擔更沉重。

她究竟承受多少痛苦，我們永遠無法體會。她承受了許多，卻幾乎不曾抱怨。有時她會說：「米奇先生，我頭好痛。」我會說：「給我揉揉。」或給她服用孩童阿司匹靈。其實我心裡暗暗一驚，要是這次頭痛不是痛過就好，該怎麼辦？

事實上，奇卡會跟我們爭執，反而讓我鬆一口氣。她讓我們看見她是如何奮戰，我知道，她需要這種力量來度過一切。我心想：好吧，要吵就來吵吧。儘管大吼大叫，不要輕輕放過。

我們抵達海地時，已經很晚了。亞倫開車載我們進入院裡時，孩子們已經入睡。奇卡看起來狀況不大好，相當疲憊且冒著汗，我建議她去我房間睡一晚。

她沒有抵抗，我幫她換了衣服。做了晚禱後，她躺在小床墊上，幾分鐘後，她說要到我床上睡。

我扶起她的頭問：「奇卡，怎——」

她吐了，吐得我全身都是。

我的下巴、肩膀、上衣全是嘔吐物。我帶她衝去廁所，但她已經吐到不能再吐。她哭了，我說：「沒關係，沒關係。」她的睡衣都被汗水浸濕。我把她清乾淨後，放一條濕毛巾在她額頭上，餵她吃一些泰諾來（Tylenol）退燒。她睡著了，但睡得並不安穩。我同樣難以成眠。

我們

聖誕節前兩天，奇卡又出現了。

「米奇先生，你看！」

我從書桌前轉身，看見她站在門邊，身上穿著黃色小禮服，緞質的上身搭配皺褶繁複的裙襬，袖子還是蓬蓬的荷葉袖。記得這套衣服是她在斯隆凱特琳紀念醫院做完療程後，我在紐約買給她的。我們帶她去迪士尼商店，讓她挑選一件自己想要的物品。她摸過店內的玩偶和水瓶，停在服裝區前面。

「貝兒的裙子！」她大感驚訝。「《美女與野獸》（*Beauty and the Beast*）！」

我把衣服拿起來。

「米奇先生，我可以買這個嗎？**拜託！**」

好像我能說不似的。

我們幫奇卡拍了張照片，照片中的她穿著那套禮服，頭上戴著王冠。她站在全身鏡前，對自己的倒影露出神氣的表情。我很愛這張照片，只有這張照片捕捉到奇卡對著自己微笑的模樣。

場景回到現在。我逗奇卡：妳要出門嗎？

她問：「我有這樣說嗎？」

沒有。只是看到有人特別打扮，大家都會這樣問。

「米奇先生？」

怎麼了？

「你真的看得見我嗎？」

看得見，怎麼這樣問？

「現在呢？」

她突然移動到角落。

我說，還是看得見妳啊。

「真的嗎？」

是啊。

她拉拉自己的禮服。

「這件裙子真的好漂亮。」

我問，妳還記得《美女與野獸》嗎？

「記得。那個女生必須拯救父親。」

我原本想糾正她，但想想其實她說得也對。

我問，奇卡，妳為什麼要問我看不看得見妳？

她手上突然多出一根魔杖。

「我沒有問。」她低聲說：「是你在問。」

她揮動魔杖，大喊一聲：「劈哩啪啦碰！」之後就消失了。

奇卡的父親並沒有死去。

他住在塔巴拉（Tabarre），從孤兒院開車過去需要四十分鐘。一開始，我們聽說他已經過世，現在又冒出不同說法；奇卡的教母說她知道奇卡的生父在哪裡。

在海地開孤兒院，遇到這種情況，可說是見怪不怪。成人帶孩子來，有時會說孩子雙親已逝，這樣才能提高孩子被接受的機會。也有父母會託別人把孩子送去孤兒院，叫他們撒謊編出另一套故事。就算我們想要多方查證，這裡沒有數位建檔，也沒有特定單位負責記錄相關資料。問題問了，文件拿了，聽到什麼就信什麼，或是乾脆不信。

奇卡回海地嘔吐那次，我叫亞倫開車帶我去奇卡的生父家。我們穿過川流的車陣往城外開，路上出現農村景色，最後車停在泥土路上。我們推開木門，走進一塊正方形的土地，裡面種了粗壯的麵包樹。那就是奇卡出生的地方。

走出來迎接我的人，就是她的生父費德納．哲恩。

他身形矮小結實，身高大約五呎六吋（一六八公分），鬍鬚和頭髮相當濃密，充血的眼睛下方掛著深深的眼袋，但是跟我的眼袋比起來不算什麼。

亞倫為我們介紹彼此。透過他的翻譯，我們聊了起來。我問起費德納的出身背景，問起奇卡小時候的狀況，他有問必答，但是非常簡潔。

他說，奇卡出生時，他人在現場，不過地震發生時，身在他方。他說，當時他正在重建空心磚房，所以和奇卡的母親分居了數月。他也跟我們確認，在奇卡生母過世後，四個孩子都分別跟其他人住了，不過他沒說原因。

他的房屋沒有門，其實更像一間大套房，內部只有一盞燈泡提供全室照明。附近稀稀疏疏種著豆子和香蕉樹，要用水得用泵浦抽上來。屋裡沒有洗手間，他們在鄰居的地上挖了一個坑，充當茅房。

樹下有個女子和幼童坐著玩耍。亞倫問費德納他是否跟那位女子在一起，結果得到肯定的答案。

我問，奇卡以前就是在這邊玩嗎？

他比一比方向。「那邊。」

地震後，她就是睡在那塊田裡嗎？

他又比了比。「那邊。」

我問他是否知道奇卡三歲時被帶來給我們照顧。

「是，我知道。」

她的教母帶奇卡去宣教院，有先問過你，還是做了才說？

「做了才說。」

這樣你也無所謂嗎？

「我無所謂。」

我沒問他為什麼不把奇卡要回去，雖然我一度想大吼，要他給我個答案。但我提醒自己，這男人的境遇或苦難，我永遠無法得知。我也提醒自己他失去了自己的伴侶，失去了孩子的媽。誰知道他的世界是如何被翻轉扭曲呢？

我跟他說明前來見他的理由，也說了奇卡的醫療狀況。他時不時點頭，但我不確定他是否真的瞭解。他說：「只要你認為妥當，你就去做。」

我進一步解釋，奇卡現在的狀況不穩定，誰也說不準。

他說：「就交給神吧。」

我問了他一個嚴肅的問題：如果奇卡被腦腫瘤打敗，他會在乎女兒是否回到海地安葬嗎？聽到自己講這些話實在好討厭，讓我全身發抖，但我也覺得這個問題應該問，或許他之後會想給女兒掃墓。

他說：「無所謂，交給你就好。」

我想要為這對父女之間建立連結，我覺得應該再試試看。奇卡曾經提過，她記得很小的時候，父親帶她去吃冰淇淋，讓她非常開心。

我問費德納，你還記得那件事嗎？

「我從來沒帶她去吃過冰淇淋。」

這附近有賣冰淇淋的地方嗎？

「沒有。」

我拚命延續話題。其實這人不壞，只是空洞而已。我一直想，要是奇卡聽到這裡沒有冰淇淋店，會有多難過。

不過，我還是邀費德納來孤兒院。我要他看看女兒，也要奇卡見他一面，因為我不知道他們以後還有沒有機會見面。我們一起坐車回去，靠近院門的時候，心中有另一個我突然覺得自己是個外人，就像合照時被擠到旁邊的人。儘管潔寧和我為奇卡做了這麼多，但這個人本身擁有我們絕對沒有的分量。奇卡的母親在死前託孤，輾轉將孩子送到我們手上，她的分量另當別論。但費德納本人還在海地好好生活著。我強迫自己不去想這件事，卻總覺得自己只是個替身，很不是滋味。

我們到院中看到奇卡在涼亭裡玩，滿身大汗。

我問她：「奇卡，妳知道他是誰嗎？」

她抬起頭來。

「這是妳爸爸，妳可以抱抱他嗎？」（為了避免尷尬，這些話我都是用英文說的。）

奇卡照我的話做，我讓他們父女獨處。

奇卡的父親坐在長椅上，天氣雖熱卻穿著長袖襯衫。奇卡坐在他身旁。我時不時看看他們，但是都沒有看到他們交談。奇卡玩著玩偶，他則盯著院子看。炙熱的陽光照射下來。有個院中孩童用塑膠袋和棍棒做了風箏，但因為沒風，根本飛不起來。

兩個小時後，費德納走過來跟我握手，就離開了。

第五課

你的孩子不是你的孩子

我們孤兒院曾經照顧過一個男孩子三年，他個性可愛，適應良好。某天，一個自稱他生父的人出現在大門，說他馬上就要把孩子帶走。我們之前從未見過這個人。在託付面試時，男孩的生母說她一懷孕，男孩的生父就失蹤了。

過了六年，現在他又出現，大聲威脅我們的院長。我們跟生母聯絡，她哀求我們不要理會那個男人。她說他會使用暴力，現在出面搶孩子，不過是為了證明他還能控制她罷了。生母還說，如果我們屈服，那孩子就永遠去不了學校，也沒辦法好好吃飯，更不能得到妥善安置。她懇求我們，拜託，請不要放棄那孩子。

大約過了一週，她打電話來說要撤回託付。她在哭，聲音中藏不住憂慮。她說那個男人毆打她，如果我們不照他的話做，恐怕她的命就保不住了。

我跟亞倫說，我們不該照做，也不能照做，否則會讓那男孩及他的生母陷入險境。我不禁吼叫，來回踱步，然後又大吼。

可是到後來，我們別無選擇。海地沒有家暴專線，法院也不會站在我們這邊，而生父可以主張應有的權利。這一切加總起來，我們根本無力對抗。這項事實讓我們感到極度痛苦，只能看著男孩跟其他孩子玩耍，渾然不知自己往後的人生即將被連根拔起。我們一直將交還孩子的期限往後延，最後才不甘願地為他收拾行李。保母們緊緊擁抱他，他哭了。我們把孩子載到相關機構，一抵達，他憤怒的生父就不發一語，一把將孩子搶過去。

我們再也沒見到他。

整整三年，我們孤兒院的員工替那孩子準備三餐、換衣物、洗澡、上課、照料他的一切。但他缺席的父親擁有的權利更大，我們只能放手。之後，我們堅持一定要得到雙親的同意書或死亡證明，才接受被託付的孩子。不知那小孩是否安好，直到現在，一想到這問題，我都非常痛苦。

屬於你的，其實不是你的。奇卡，有個問題困擾我們很久，記得妳以前問過我一個問題嗎？**你們是怎麼找到我的**？那時我跟自己保證，不要再讓妳覺得被遺棄。我真的很不希望妳或我們院中任何一個孩子，覺得自己沒人要。

但是見到妳父親那天，我神經開始緊繃。沒錯，我們必須找到他。而他來看過妳之後，離去的速度就跟進來時一樣快。但如果他沒離開呢？如果他說：「之後換我來顧？」妳病成這樣，我有沒有辦法把妳還回去？長時間離開妳生命的父親，突然說要嘗試拯救妳，我信得過他嗎？我做的事情對妳來說是公平的嗎？對他呢？

教宗若望二十三世說過，父親有孩子比較容易，但孩子要擁有真正的父親卻比較困難。現在就是這樣嗎？「誰需要離開？」是養父母時不時就要處理的問題，所以收養機構對於親權設下嚴格的規定。但我們什麼都不是，從以前到現在，我們只是一個機構，提供投靠無門的海地孩子愛與棲身之地。在妳性命垂危時，我們把妳帶回密西根。妳躺在病床上，身上插著導管連接到監視器，小小的頭上纏著白色繃帶。我們根本不會去想誰擁有妳這個問題。

奇卡，這就是妳教我的另外一件事，妳讓我知道「你的孩子」具有什麼意義，不具有什麼意義。這一課非常重要，所以我才寫下來。

順帶一提，有時候連我的朋友也會說「你的孩子」。他們說：「**她雖不是『你的孩子』，但你對她真的很好。**」我聽了很刺耳也很困惑。想想，要是妳有我們的DNA，我們所做的努力會有差別嗎？有一次我們照鏡子，妳舉起手臂放在我手臂旁邊。我以為妳要比較我們的膚色，結果妳卻指著我手腕上的痣問道：「米奇先生，你這裡怎麼凸一塊？」妳只在意這顆痣而已。

屬於你的，其實不是你的。孤兒院的文件是我簽的，那上面說我們有義務養育、教育、保護孩子，這些都是雙親理應做到的。不過到頭來，這些文件代表的是責任，而非雙親的身分。對院中所有的孩子而言，我只是「米奇先生」，是他們的「法定監護人」，我第一次帶妳去醫院就是用這個身分。有時候，這頭銜只是個空殼子，但事實上，是我和潔寧小姐以及充滿愛心的員工們，每晚入睡前親親孩子，每天早上把他們叫醒，替他們綁鞋帶，做三明治，念書給他們聽，發生意外時趕緊帶他們就醫。

把這些小生命帶到世界上的不是我們，此一事實不容否認。但最近院中年紀最大的孩子接受我們的安排，得到美國的大學獎學金。他獲准會見他在海地的父親。這個人從來沒參與過孩子的人生，卻將孩子拖到朋友面前吹噓：「快來看我兒子，這麼聰明，要到美國念大學！」聽到這話，那孩子心中充滿憤恨，他有今天的表現，難道缺席一輩子的父親竟有半點功勞？

奇卡，我不知道除了神以外，還有誰能說自己的孩子是自己的。我見過養母和她的孩子發展出最純粹的連結，也見過無助的嬰兒被雙親視為燙手山芋。相反的狀況也確實存在。時間一久，你會接受一個事實：只有愛才能維繫連結。無論如何，一定是如此。

你父親回到塔巴拉那天，妳在發高燒，而且又吐了。那天晚上，他在自己的空心磚房中睡覺，妳也在院中哭著入睡。隔天，妳看起來很虛弱，離開時沒有跟其他小朋友道別，只是牽著我的手走到車子旁邊。

在太子港機場，妳不想自己走，所以我抱著妳排隊。我一隻手托著妳，一隻手推著行李袋。上機之後，我在扶手上放了個枕頭。

我輕輕說：「睡吧，寶貝。」

妳靠了過來，幾秒以後咕噥說：「米奇先生？」

「怎麼了？」

「我睡覺的時候，你會做什麼？」

我說：「我會看書，還會想想我有多愛妳。」

妳點點頭，眼神發亮。

「我也要這樣想喔。」

在那一刻，我不管誰屬於誰。即便妳不是我的，但我是妳的。我碰了妳的額頭，摸起來很熱，我知道我永遠會是妳的。

5

我們

新年過了，奇卡也沒有現身。我一如往常前往海地慶祝新年，大家點燃仙女棒，唱起〈友誼萬歲〉。孩子們在筆記紙上寫下新年希望（「**我會幫忙打掃院子**」、「**我上課不說話**」），我把願望塞進信封，等十二個月之後再打開來看看是否實現。

新年這一天，大家會享用一道佳餚「soup joumou」，其實就是南瓜湯，材料有印度南瓜、馬鈴薯、蔬菜、洋蔥、大蒜、牛肉片。十八世紀晚期，奴隸禁止食用南瓜湯；到了現在，海地人會在新年喝湯，來紀念一八〇四年海地革命獨立。全國上下不管多貧窮的家庭都會喝南瓜湯，將這項令人自豪的傳統傳承下去，喝湯等於是喝下自由的滋味。有些孩子年紀夠大，可以瞭解喝湯的意義，但小一點的孩子有湯喝就開心了。

每天晚禱結束後，我們都會唱一首歌來表達對奇卡的懷念，那就是納京高的〈愛〉，以前她會在家裡邊走邊唱。現在孩子們也唱得很大聲，跟著歌詞念出L、O、V、E字母，歌詞唱到V代表very的時候，他們也會跟著拍手。唱完歌，孩子們便齊聲大叫：「一、二、三，奇卡晚安！」

那晚我走進女生寢室，奇卡的床還沒有人睡。孩子們最後一次短暫見到她，就是她發燒嘔吐、整個人只剩下空殼的那趟旅程，之後她再也不曾回來這裡。或許這樣也好，要孩子相互道別，總是為難。

我們回到密西根的時候，正下著雪。早上，我在火爐生了火，一轉頭就看見奇卡從桌子底下爬出來。她穿著藍短褲配紅白條紋T恤。

「吼——」她邊喊邊伸出手，假裝她揮舞著虎爪。

我說，早安，漂亮小妞。

「我是要嚇你耶！」

我有被嚇到啊。

「那你怎麼沒有大叫？」

我說，抱歉。那奇卡妳為什麼要躲在桌子下面？

「喔，」她端詳自己的手指。「沒什麼，找個東西。」

找什麼？

她嘆氣，眉毛一抬。

「還能找什麼？當然是精靈小門！」

——

我們知道莫特兒童醫院裡有精靈小門，我們去過那裡很多次。奇卡在海地嘔吐後跟我回來的隔天，我們不得不前往就診。那時她體溫很高，整個人病懨懨的、呼吸不過來。我們先是開車送她去附近的醫院掛急診，但在做過血常規檢查跟幾項檢測後，那裡一位醫師老實告訴我，他們不甚瞭解奇卡使用的藥物，建議我們把她送去有她病歷的莫特醫院。

醫師說：「這個狀況可能很嚴重。」

前往安娜堡的路上，潔寧在救護車裡哭泣，而我開車跟在後面，全程透過手機保持聯繫。潔寧低聲說：「他們說有可能是敗血症。」

我試著保持冷靜。「還要再確認。」

後來我們才知道，奇卡所有的不適，包括最後一次海地之旅會如此辛苦，全要歸咎於血液感染，源頭來自醫療團隊堅持安裝的輸液塞。奇卡的輸液塞只使用過一次，不知為何就被細菌感染了。奇卡因此在醫院躺了整整九天，她高燒不退，還接受各種檢測，從腦膜炎到肺結核統統要做。她的肺部發現了結節，醫院懷疑是敗血性栓塞（septic embolism）。她服用的抗生素一換再換，實驗室培養並研判採集到的檢體。罪魁禍首輸液塞立刻被拆除，從此它在潔寧口中就被稱為「愚蠢的玩意」。

潔寧抱怨：「我就一直說不要裝。」

我覺得她在怪我。

我問：「不裝的話，要怎麼辦？」

「米奇，她躺在這裡整整九天，看看她變得多虛弱。」

「但抽血找不到血管啊！」

她轉過身去。

我大吼：「不裝的話，**要怎麼辦**？」

奇卡病得愈重，潔寧和我吵得愈厲害。這一點也不意外，因為我們過得很煎熬，要處理孩子的疾病，思考自己是否走對這一步，心裡卻感到不安穩、不踏實。兩人中，一個充滿自信，一個不這麼認為，想法不一致就會讓人想生氣。我們吵架，有一半時間其實都在說服自己，眼前還有希望。

我們為了奇卡的小事，不知不覺就吵起來。例如，我覺得從事某些活動很安全，潔寧卻不這麼認為。我覺得收看特定電視節目沒問題，潔寧卻另作他想。我們為了抗生素和營養補給的小事大吵。潔寧會說：「我不要讓她試。」而我又會說：「不然要怎麼辦，什麼都不做嗎？」我想吵架的主因總歸是同樣一件事：我們害怕走錯一步，或是差點可以走對。我們害怕問題接踵而來。

看著我們意見分歧，奇卡覺得很痛苦。她只想大家好好相處，便大吼打斷我們吵架，喊道：「好了！好了！」像裁判那樣揮動雙手。

她還在住院的某個晚上，潔寧和我又為了某件事情不高興。我搖頭，生氣地跳針說：「真不敢**相信**。」

奇卡從床上喊：「你們在說什麼？」

「沒事，奇卡。別擔心。」

「可是你們聽起來**很**難過。」

我走到她身旁。「對啊，人生有時的確很難過，但有時也滿開心的。就像妳經常開開心心的，也讓我們很快樂。」

看到我一臉苦悶，卻害她哭了起來。

「奇卡，妳怎麼哭了？」

「因為，」她講話低低的，「我不知道要怎麼幫。」

「不知道要幫什麼？」

「幫你們現在快樂起來。」

從此以後，我們不在她面前大小聲，也開始瞭解，到頭來我和潔寧都只有彼此而已。我們看到許多失去孩子的夫妻最後都離了婚，所以下定決心不要重蹈覆轍。在意見不合、導致說話太傷人之前，我們就先停下來，其中一人會小聲說：「對不起，好不好？」另一人會說：「好，我也很抱歉。」然後，我們會吐一口氣穩住自己，迎接未來的發展。

等到我們終於能把奇卡從莫特兒童醫院接出來，才發現她的身體為了對抗感染付出多大的代價。她的行走能力變得更差，說話更慢，身上還多了一個新裝置：周邊置入中心靜脈導管（PICC）。這條導管從她的右手臂穿出來，讓她之後能做藥物輸液和血液檢測。我們必須透過靜脈導管投入抗生素，一天三次。靜脈導管用一小塊布遮住，不能碰到水，所以沖澡時必須小心翼翼，奇卡熱愛的游泳更是免談。當時正值夏季能玩水的時候，我們感覺對她有所虧欠。

不過回到家，奇卡只是如釋重負地躺回我們床邊的小床上。她回來的第一天早上，潔寧起床過去躺在她身邊。她們開始窸窸窣窣談話，不一會兒又聊起奇卡最喜歡的話題：婚禮。潔寧問奇卡，她覺得自己會在哪裡遇見未來的丈夫。

她說：「餐廳裡。」

聽她這樣幻想，我偷笑出聲，接著才想起來，有一次我們和她提到，潔寧和我就是在餐廳裡遇見彼此。奇卡真的把什麼都記住了。

好吧，回到精靈小門的主題。莫特醫院的牆邊踢腳板上開了許多小木門，大約六吋（十五公分）高，打開來會看見門後面畫著卡通人物，例如奇妙仙子（Tinker Bell）或公主。大家通常會放幾個硬幣在門後面，這樣小病患握住迷你門把一打開門，就會發現驚奇。

奇卡找精靈小門找上了癮，就算吊著點滴瓶，也堅持要蹲下來找小門。只要我新發現一扇門，就會告訴她我去幫她找精靈，事實上是先偷跑過去，在每扇門後面各塞一張一美元的鈔票。

「你看！一千塊！」奇卡打開門時會這樣說（我們沒有認真教過她金錢面額），然後把鈔票放進我手中，開始找下一扇門。

她喜孜孜地找精靈小門。經過其他人的病房，我看見房中的父母以手掩面，才領悟到一件重要的事情。希望，其實是位嚴師，帶領軍人渡過難關。反過來說，沒有任何疾病比絕望致命，失去希望一定比皮肉之傷還痛。

我們無法讓奇卡不長腫瘤，不讓她疼痛，甚至也不能阻止她死亡，但我們想要散發正面的光芒。我們和醫護人員都清楚自己在做什麼，知道生命中還有很多寶藏等待發現。絕望會傳染，但希望也會，而且沒有什麼醫藥比希望更有效。奇卡相信我們，所以我們能夠相信自己。

聖經〈箴言〉寫著：「**至終必有善報，你的希望也不致斷絕。**」我們拚命要實踐這句話，拚命相信奇卡每打開一扇小門，都會遇到好事。

「米奇先生？」

怎麼了？

「**你的**精靈小門在哪裡？」

這裡沒有，只有醫院才有精靈小門。

「不對。」

妳在其他地方也看過嗎？

「很多地方都有。」

像是？

她撐著頭，手肘靠在我的膝上，用食指點點臉頰。她一定是從電影上學來這個動作，表示她在思考。

她說：「在德國就看過。」

「不要覺得孩子打擾你做要緊事。

因為孩子最要緊。」

——約翰・川納（John Trainer）醫師

妳

好吧，既然妳提起了德國，那就說吧。

奇卡，在抗癌過程中，我們有很多都沒跟妳細說。我們做功課，打電話，開視訊會議。我們決心不讓妳愈聽愈糊塗。照顧過病童的人都知道，你會變得一心只想找到療法，想到晚上不睡覺都在想，還有什麼法子可用，想破腦袋就是不想漏掉任何機會。

到這個節骨眼上，網路就成了全世界最好也最壞的發明。對抗重病的人忍不住一直上網，卻愈上愈糊塗，常常搞得自己抓狂，網路對他們而言是震耳欲聾的嘈雜市集，販售希望與恐懼。丟錯搜尋關鍵字，會跳出自己不想看的網站和報導，上頭充斥不合理的立論、心碎的事件、誰又站出來指控醫療詐騙，許多搜尋結果的開頭都是「有哪些」，例如「有

哪些致病成因……」、**「有哪些療法……」**、**「有哪些跡象……」**。你最想看到的是：**「有哪些解決辦法？」**但事情永遠不會這麼簡單。

我在很久以前讀過，美洲原住民的治療者幾乎不會告訴別人他們的知識，有時甚至會隱藏自己的身分，因為他們的專業技術非常珍稀。網路完全相反，你可以在上面找到一千種理論，可以聯絡上一千名醫師，但你永遠無法確認，自己不是一頭栽進兔子洞裡。

就因為這樣，妳剛開始生病的時候，我避免使用網路，不過在妳血液感染之後，我們不得不提高警覺，尋找傳統療法以外的途徑。妳當時已經在服用帕比司他，這是一種抗癌標靶藥物（histone deacetylase inhibitor，組織蛋白去乙醯酶抑制劑，簡稱ＨＤＡＣＩ），史丹佛的醫生拿來在小鼠身上實驗，初見成效。妳熬過了第二次放射治療，標靶的風險很高，但只有這樣才能見效。我們嚴格把關妳的飲食。妳喝營養奶昔都會做鬼臉，但還是每天都喝下去。

我們已經用光了手上的樹藤，無法盪到其他地方。這時，我們已經認識許多ＤＩＰＧ患者，他們往往走上同一條令人哀傷的道路：先是做放射治療，再來做化療，狀況急轉直下，最後進了墳墓。

為了找到替代道路，我們心有不甘一頭栽進網路的世界，我什麼資料都看，例如臨床實驗、臉書貼文等，我也打跨國電話聯絡別人。

曾經有個倫敦團隊考慮收妳，後來卻說考慮到妳的病況發展和之前接受過的治療，判定**資格不符**。這聽起來格外刺耳，好像妳不遵守某些規定，所以無法得救似的。

不過，他們建議我們去找一位在德國行醫的比利時醫生，他願意接受妳這樣的病患。這位醫生專攻免疫學，主要研究ＤＩＰＧ。

這位醫師名為史蒂芬・凡・顧爾（Stefaan Van Gool）。我寫電子郵件給他，他馬上回信。潔寧和我跟他講了很久的 Skype 電話，他回答了許多問題。感覺上，他是個思緒敏銳的人，同時也是友善和藹的父親，育有四個女兒，她們會跟他在古典樂演奏會上一起拉小提琴。最重要的是，他提到一個美國沒有的療法——利用患者自身的白血球和腫瘤抗原製作疫苗，透過刺激免疫系統反應，以對抗癌細胞。我們在密西根求診的醫生並不瞭解這套機制，但他們說：「如果你們覺得有幫助，就該去看看。」

於是，秋天到來的時候，海地宣教院的小朋友回去上學，而我們訂了機票，在德國租了房子，離家四千哩去到科隆。距離妳被診斷出罹癌已經一年四個月，妳比醫生預告的多活了將近一年，還前往一個全新的國度，有潔寧小姐和我一左一右跟妳作伴。

—

我想在這裡聊聊「喜悅」。

回首這趟旅程，我覺得我們有些時候不夠投入。妳病到後來，照護需求日益增加，幫妳穿衣服需要花更多時間，洗澡必須更留心仔細。妳的靜脈導管必須沖乾淨，保持衛生。為了抱妳或背妳，妳身邊隨時都要有我或其他人陪伴。

正因如此，有時我們會忽略一個事實，那就是妳的身體面臨巨大挑戰，妳的心智卻沒有停止成長，妳的思考愈來愈深入。妳逐漸轉變成心智健全的年輕人，我們可能忘記替妳感到高興。多虧妳妙語點醒，我們才注意到。

有一次，我在看電子郵件，內容相當長，我邊看邊嘆氣嘀咕：「喔，天啊。」

妳問：「你為什麼要說『天』啊？這裡看不見天空啊。」

「這只是一種說法啦。」

「那你怎麼不說：『喔，地啊』？」

還有一次，妳跟我要水喝，我提醒妳水很冰。

妳說：「冷水暖心。」

（**這種**話到底是從哪裡學來的？）

妳問過潔寧小姐：「我可以同時跟兩個人結婚嗎？」但她問妳要生幾個孩子的時候，妳卻扯開嗓子回答：「一個！」

「為什麼只生一個？」

「因為我一次只能**扛**一個啊。」

某次做完放射治療，我們開車回家，妳問：「米奇先生，我們要去哪裡？」

我說：「哪裡也不去。」

妳說：「我們可以一起去哪裡也不去嗎？」

某天早上，我去樓下工作室，電話響了起來，是妳用分機打給我。

「米奇先生，我們要在蓬蓬鬆鬆、舒舒服服的床上露營。你要加入嗎？」

我走進臥室，發現妳和潔寧小姐蓋著床單，我也鑽了進去。妳說：「蓬蓬鬆鬆、舒舒服服的營地規定如下：我是當家的，潔寧小姐是二當家，你要的話可以當三當家。好了，來玩吧。」

奇卡，這些過往如果有任何一項細節能被我改變，我會希望自己能投入得更久。我們要完全沉浸其中，才能永遠記住那些時刻。我平常很少用**歡欣**這個詞來形容自己的快樂，但現在**歡欣**最能形容我的感受。玩遊戲時完全投入是很了不起的，我看著以前的照片，看見妳掛著永不疲倦的歪斜笑臉，打迷你高爾夫（但妳幾乎揮不動球棒），上超市（但妳必須坐在手推車裡），參加州博覽會（但妳玩每項設施，都得由我扛妳過去）。

不管我們因為就醫吃過多少苦，說到玩，妳永遠不會累。

拿愛蜜莉・狄瑾蓀（Emily Dickinson）的詩句換句話說，就是我們不能為歡樂駐足，所以妳體貼地為我們停下腳步。妳的精神震撼了我們。

——

她坐在廚房桌邊看著我。

「你在做什麼？」

「看書。」

「什麼書？」

「海地的書。」

「為什麼要拿那個黃黃的東西？」

「畫重點啊。」

「米奇先生？」

「怎麼了？」

「下次我們一起去海地，我可以不用回美國嗎？」

「妳要跟我一起回來。」

「為什麼？」

「妳還是有點生病，要看醫生。」

我未經思考就急著把話說出去，沒發現這是我第一次說她「生病」。

「我沒有生病！我沒有生病！」

「好。」

「我只是走路有問題！」

妳

我們在德國降落，妳遇見了一個新夥伴。

輪椅。

妳握住輪椅的把手，問道：「這是要給我的嗎？」我不得不扭頭看向別處。墨瑞到了人生盡頭，開始坐輪椅。我母親在中風後，也是這樣。我父親幫她推輪椅推了一年，到後來他自己也中風，跟她一起用坐姿看這個世界。巨大的輪子帶著他們兩個前進，移動時需要更大的空間。

我們不想讓他們行動受限，所以盡力維持他們平常的活動，譬如看電影、上館子，上下車就請居家照護員幫忙。但這樣一來，他們進入一個更為緩慢的世界。能接受我們的地方為數不多，我看著父母有時頹然地放棄行動，曾經很有活力的他們，如今籠罩在疲憊的陰影中。奇卡，每次我扶妳坐輪椅，胸口都會一陣抽痛。

但妳一如往常，用截然不同的角度看待這一切。妳覺得坐輪椅會讓妳更快到達目的地，而且我是背後功臣。我們第一次坐輪椅，是要把妳辛辛苦苦從科隆機場推到停車場。疾駛的車輛經過我們身旁，妳說：「米奇先生，推快一點，不能被車撞到！」

到了我們租賃的公寓附近，我把妳從車裡扛出來，過了馬路、公車站，進入前門，終於到了建築物裡面，迎面而來的是兩個驚喜。

第一個是房東安東涅塔（Antonietta），她是個活力充沛的義大利人。

第二個是超長的階梯。

「這裡沒有電梯。」安東涅塔看我抱妳。「對不起。」

所以我的例行公事除了幫妳推輪椅，還要背妳上下樓梯，妳就像無尾熊抱樹那樣抱著我的脖子。樓梯一共有十九階，而妳足足有六十磅（超過二十七公斤）重，每次爬完樓梯，我都滿身大汗。當然妳會覺得這過程很好玩，妳會跟我說：「米奇先生，你好累喔！

該睡覺了！」我把妳送進門，趕妳進臥室，把妳往床上一丟，自己大口喘氣。等我們回到美國，我竟然得了疝氣。

但這一切妳不會懂，光顧著笑，好像這趟求醫之旅等同於冒險。而我們也差點忘了當初為什麼來這裡。

科隆的診所位於當地商辦大樓的五樓，診所樓下有健身房和超市。這裡跟密西根的醫院不一樣，沒有氣派的大廳、玻璃帷幕、蜘蛛人雕像，只有用木鑲板裝飾的走廊、窄小的檢驗室、木桌、單薄的牆壁。我們推著妳的輪椅移動，不時得繞著K字型的路徑迴轉。

不過這裡的員工都很好。凡．顧爾醫生穿著實驗室白袍，本尊現身時令人印象深刻。他是受人尊敬的比利時免疫科專家，他自稱來德國行醫，是因為這裡的醫病法規能讓他更直接幫助有需要的孩童。他會說許多種語言，只是他說的英文太過專業，有時會讓我們聽不懂。然而，他這個人感覺相當溫和。他身材矮胖，額頭很高，表情和藹，頭髮是稻草的顏色。他雙頰紅潤，笑臉直到耳際。妳一下子就對他產生好感。

「所以，」這是他打開話題的口頭禪，「我們會這樣做……」

這裡的療法看起來很精妙。首先，他們會抽取大量的血液樣本供實驗室研究，接著給妳接種「新城病病毒」（Newcastle virus）。新城病對雞隻會產生性命威脅，對人體卻不會構成危險。病毒進入身體後會引發免疫反應，五天後他們再取出細胞，進一步研究。不論妳的身體產生何種防禦機制，他們會把改變的細胞加進之前取出的細胞中，在實驗室裡將原先被移除的細胞複製數百萬個之多，再透過疫苗注射回妳的身體。理論上，那些被改造的細胞就能刺激妳的免疫細胞去攻擊ＤＩＰＧ的腫瘤。

這就像是以毒攻毒，訓練妳的免疫大軍對抗妳體內的癌細胞敵人。

當然，對妳來說，所謂的養軍殺敵，只不過是每天去五樓做的事情。妳會脫下粉紅色外套，我們把妳抬到診療台上。在注射過程中，醫護人員用溫和的電熱療（electro-hyperthermia）刺激，將一塊圓形貼片貼在妳頭上，在腫瘤附近形成電場。

妳從來不抱怨，也不問為什麼要這樣做，妳只是用iPad看妳最喜歡的卡通《一〇一忠狗》（*101 Dalmatians*），直到做完為止。

有一次我們要走了，妳坐在輪椅上不知跟誰大喊：「再——見——」我們走出診所，按了電梯按鈕，妳唱道：「太陽明天還會出來……」

其實，整個免疫治療的過程有更多細節可寫，但如今寫到這裡，我只記得妳在德國是多麼開心。我們在科隆的公寓遠比不上密西根的大房子，只有小廚房、客廳、一間臥室，而洗手間蓋在正中央，根本稱不上舒適，但妳深愛這裡。公寓裡有全新粉刷的白牆讓妳畫米老鼠，這堵牆屬於妳，更要緊的是，我們也屬於妳。在德國，沒人打電話找我們，也沒人會來敲門。我在這裡完全不用出門工作，每次出門走幾步路去診所或上市場，我們都是一起去的。我扛著妳下樓梯，把妳安放到輪椅上，固定好腿靠、繫上安全帶，三人就可以出門了。

科隆相當美麗，九月底的天空揮灑出一片湛藍。我們經過街道和購物廣場，妳大聲唱歌，路過的人都回頭看妳。妳想到什麼就唱什麼，例如艾拉·費茲傑羅（Ella Fitzgerald）的〈藍色房間〉（Blue Room）或是〈聖誕老人要進城〉（Santa Claus Is Coming to Town）。沒出門的時候，我們總是跟妳說要用「室內音量」說話，但來到吵鬧的街上，妳愛怎麼吼就怎麼吼。

我們走上行人專用道，來到歷史悠久的知名科隆大教堂前方。光是尖頂部分就長達一百六十公尺，宛如射向天際的箭矢。

「糟了！」我們走到教堂前，妳驚慌大喊。

「什麼糟了？」

「我都沒看過**這種地方**，真是糟糕！」

我們都抬起頭來，妳舉起一隻手擋住陽光，那時妳在吃巴伐利亞椒鹽脆餅。

「奇卡，妳知道這裡是哪裡嗎？」

「公主的城堡嗎？」

「不是，這裡是教堂，大家來這裡禱告。」

「他們都求些什麼？」

「什麼都可以吧。為了家人禱告，為了健康禱告，或許還會為妳禱告呢。」

「他們才不會幫**我**禱告，我又不是他們的**小孩**。」

「搞不好真的會。」

「但他們又不**認識**我。」

「寶貝，幫妳禱告並不需要認識妳啊。他們可能看妳是個可愛小女孩，就禱告希望妳健健康康的。妳也可以為他們禱告。」

妳緩緩點頭，好像在反芻我說的話。妳吞下椒鹽脆餅，凝神注視大尖塔。

「哇——」我低聲讚嘆。

「哇——」妳模仿我。

——

我想在這裡談談禱告。

妳嬰兒時期的照片，我們只有一張。在相片中，一位為妳受洗的牧師把妳抱起。妳臉上掛著大大的微笑，眼睛盯著天上看。或許這幅景象暗示了妳往後將成為快樂的信徒吧。

妳年紀輕輕，但生活中充滿禱告。據說妳的母親會跟著收音機祈禱，妳的教母也經常念念有詞。在孤兒院裡，妳和兄弟姐妹早晚都不忘禱告，週日做禮拜也是如此。妳吃飯前一定記得說：「**神啊，感謝祢賜給我眼前的食物……**」妳在睡前也會念完整段主禱文。

不管那天過得怎樣，妳總會禱告，但通常是為了表達感恩，並且完成每日功課。

至於我們的禱告，則是急於尋找慰藉。

在德國的某天晚上，妳要做餐前禱告，所以雙手交疊閉上眼睛，但妳的左眼完全無法闔上。最後到了深夜，我們只好幫妳滴眼藥水，然後用透氣膠帶把眼睛貼起來，這樣眼睛才不會太乾。

妳沒有反抗，因為我們告訴妳眼睛保持濕潤很要緊。可是奇卡，我遇到這類的事件只想投降。看到妳眼睛必須被貼起來才能入睡，我怎麼受得了？看著妳躺在檢測台上被抽更多血，怎麼不難過？要說我禱告，不如說是哀求。**神啊，求求祢，為什麼要讓她經歷這一切？神啊，行行好，她只是個小孩子。**

我們照顧妳的時候，會聽到人家說「神的旨意」和「神想要什麼」，我很想說，神要怎麼我都接受，絕不反抗。但如果我真的不反抗，我可能不會把妳帶來美國動手術，也不會選擇傳統療法以外的路，更不會帶妳來德國。神究竟想讓妳生病留在海地，還是想讓妳在外國康復？

潔寧小姐比我更會應付內心交戰。有許多次，我聽到她跟朋友、姐妹，或獨自一人在房間裡祈禱：「**天父……**」她總是可以透過禱告或與神對話，得到安慰。我則是比較習慣透過寫作來對話。寫作時，我會覺得自己在進行交談。有時候，我只是把想法先寫下來，好像要寫給神看似的，藉此我向祂祈求力量。

奇卡，據說禱告可以讓內心平靜，但並不是每次都能奏效。我承認我不懂為什麼一個孩子要吃這麼多苦，為什麼科隆的診所裡有那麼多孩子需要幫忙，才能走路或說話。我對神的信仰還在，卻受到了考驗。妳喜愛的《納尼亞傳奇》作者C．S．路易斯曾經說過，同樣是繩子，如果只是用來捆箱子，你會覺得它很可靠，但用來攀登可讓人致命的懸崖，你就不會這麼想了。妳的病情愈來愈嚴重，我也把信仰抓得愈來愈緊。我常常對神發怒。

但我沒有拋下這一切，我想是因為年邁的拉比艾伯特．路易斯（Albert Lewis）曾經輔導過我。一九五〇年代，他四歲的女兒死於氣喘發作。

我問，像他這樣虔誠的神職人員，是否會對神心生怨懟。

他說：「當時我相當憤怒。」

那你為什麼沒有停止信仰？

他說：「儘管我心裡感到無比害怕，但有個對象讓我哭訴，讓我感到安慰；有對象讓我吼叫『為什麼』，讓我得到力量。這總好過沒有任何對象能讓我宣洩。」

奇卡，我採取了拉比教我的方式。有時候我會禱告，有時候我會大聲咆哮抱不平，我問過神許多次：「為什麼祢坐視這些事情發生？」

妳從來不問這種問題，妳的信仰很純淨，孩童往往如此。但妳有時也會心生恐懼。有天晚上妳睡不著，我坐在妳床邊，問妳怎麼了。妳說妳怕魔鬼半夜會來抓妳。

我說：「別怕，有神在看，魔鬼就抓不到妳了。」

妳轉頭看其他地方。

「如果魔鬼來的時候，神剛好沒在看呢？」

6

我

我愈寫愈深入，發現自己的身體也開始不對勁了。我的腳刺痛，手心冒汗，思緒糾結，腦袋昏沉。某天早上，我坐在鍵盤前面竟然開始發抖，脈搏加速跳動，我感覺汗珠一顆顆從額頭上冒出來。我的臉頰失去知覺，我心想難道自己要昏倒了嗎？還是要中風了？

這種狀況發生過很多次。我看過醫生，做過ＭＲＩ、心電圖、抽血檢測。報告出來，沒發現異狀。他們跟我說要多喝水，減少攝取咖啡因，好好睡覺。也許少坐在電腦前，彎腰駝背寫這本書更好，我的脊椎、臀部、頸部為此付出了代價。但我還是覺得身體不適，有時候血壓飆高，我感覺自己就跟等待陪審團公布判決的被告一樣焦慮。

潔寧有一套她的說法：「你每天坐在那裡，反覆經歷同一段痛苦的過去。情緒一直受到刺激。你其實是在哀痛。你的身體因為哀痛所以做出反應，不要太意外。」

「怎麼現在才有反應？」我回嘴：「我已經能跟這段記憶和平共處了，不是嗎？」

潔寧看著我，她的眼神好像在說：「你太天真了。」

潔寧淡淡說道：「米奇，你愛過這個孩子。」

因為這樣，最後這一段才如此難以下筆。

奇卡和我之間有一套「愛的公式」，不知是從何時開始運作的。如果她看起來不高興，我會偷偷湊到她面前問她：「奇卡，我今天跟妳說過我有多愛妳嗎？」

奇卡知道接下來會發生什麼事，所以會裝可愛說：「沒～有～」

我張開雙臂，拉出一個寬度說：「**這麼愛喔**！」隨著時間過去，我拉出的寬度愈來愈大，因為我知道她有在量。到後來，我得將雙臂伸到背後，轉過身讓她看我的雙手交扣。

我繃緊肌肉，幾乎說不出話。「**這—麼—愛**。」

這樣做會讓她心滿意足地笑出來，因為她知道，我為了她把自己逼到極限。每次這樣做完，她都會開心一點，冷靜一點。我也是。

我還記得奇卡第一次說「我愛你」是什麼時候。她花了一段時間才說出口。在那之前，她很享受我或潔寧對她說我們愛她，但她並不會馬上回覆她也愛我們。

在她來這裡四個月後，某天晚上，我從機場打電話回家，奇卡聽起來活蹦亂跳，享受獨占潔寧的時光。她們當時在玩遊戲。

我在通話最後說：「好啦，妳要乖乖的。」

「我會。」

「我愛妳喔。」

「我也愛你。」

我眨眨眼睛，一股喜悅竄上來。我想要大聲嚷嚷問潔寧，妳聽到了嗎？她真的那樣說嗎？結果，奇卡趕著回去玩遊戲就把電話掛了，留下我一個人呆呆看著手機。不過，那滋味還是很好。

我們

「米奇先生？」

怎麼了？

「我們去了德國三次。」

對啊。

「我去過動物園，還有掛鎖的橋。」

奇卡說的是科隆的霍亨索倫橋（Hohenzollernbrücke）。這座橋橫跨萊茵河，情侶會在掛鎖上彩繪，然後鎖在門牆上，象徵兩人之間承諾不破。掛在橋上的鎖超過四萬個，總體重量造成不少麻煩，顯然愛有時也滿沉重的。

「我們為什麼不再去呢？」

去德國嗎？

「對啊。」

我們沒辦法啊。

「你是說**我**沒辦法吧。」她說。

我一開始沒回話。

我說，妳說得沒錯。

「對啊，」她皺起臉。「我知道。」

她走到房間對面的書櫃前停下來，看看上面放了什麼書。外面是寒冷的冬日景色。今天早上她現身時，從工作室門口跑到我面前來，腳步踩在地毯上沒發出聲音。我轉身看她再跑了幾步，接著翻了一個後空翻，跌坐在地上，大喊：「好痛！」

我現在看著她，才發現之前她還在時，我把她走路的模樣看得有多麼仔細。和她的左眼、嘴巴一樣，走路姿勢是病況發展的指標。一開始剛來的時候，她的腳很僵硬。動完手術、服用類固醇後，走路變得不穩。做完放射治療後，她幾乎恢復正常，但後來每下愈況時，身體都是左半邊先出事。

在我們往返德國那段時間，她不得不吃藥，常常發脾氣、重重踱步離開我們身邊，大喊：「**我不要！**」雙腿卻失去力氣，摔在地上。我過去要扶她起來，就會被她推開。她爬到階梯上要去臥室。她一階一階往上爬，滑下來就再試一次。跟ＤＩＰＧ奮鬥的過程中，奇卡做了很多犧牲，但她始終沒放棄奮鬥的意志。

場景回到現在，她喊我：「欸，米奇先生！」

我抬頭看她。她拿著筆記本，指著倒數第二行。

「這是在說潔寧小姐嗎？」

第六課　從成婚到成家

是啊，奇卡，我應該早一點開始寫她。妳帶給我許多啟發，我也從我的妻子潔寧身上學到許多。

妳還記得第一次跟我們一起過感恩節嗎？潔寧和我躺在床上聊天，妳也從床上爬起來靠近我們。

「米奇先生，你要去工作了嗎？」

「今天不工作。」

「你要寫書嗎？」

「今天不寫。」

「你今天要出門嗎？」

「不用，我今天待在家陪妳們。」

妳扭頭沒說話。

我問：「妳不**要**我待在這陪妳嗎？」

「也可以啦……」

「但是……」

「吼，你真的不用工作或幹什麼嗎？」

潔寧笑了出來。她知道妳想要躺在她旁邊抱抱，要我讓位。妳這麼努力要幫我留面子，我很高興。我起床去泡咖啡，回頭看見妳們兩個已經抱成一團，拉被子蓋住自己，心裡又浮現其他感受，心中洋溢著溫暖的滿足感。妳和潔寧小姐之間的感情建立得相當自然，我已經想不起來妳們之前不熟的樣子了。她為此改變。

我和她都為此改變。

妳還沒來美國之前，我一直跟潔寧小姐報告妳的狀況。我說，**奇卡可能需要幫忙，可能需要動手術，可能需要跟我們一起住**。現在回想起來，才發現我從來沒問過她是否同意我這樣做，她也從來沒讓我覺得這些事必須經過她的許可。

接妳過來同住並非小事。這是我的家，也是她的家。但妳來的那一刻，她便伸出雙手擁抱妳，妳也從她的懷抱中得到我永遠給不了妳的東西。

潔寧小姐幫妳洗澡，幫妳打扮。是她幫妳挑了一雙瑪莉珍的鞋子，幫妳穿好。是她幫妳綁頭髮，是她牽著妳帶妳去洗澡，妳則對我大聲說：「拜託不要進來！」妳天外飛來一筆，問我們：「如果我結婚的時候，突然想上廁所，誰來幫我脫婚紗啊？」潔寧小姐說：「我來。」

她坐下來跟妳一起畫彩虹，把營養補給品打成奶昔要妳喝下去。如果妳尿床不好意思告訴我，她會安慰妳。她念聖經給妳聽，檢查妳的功課。妳第一次在醫院過夜有她陪伴。潔寧小姐有一頭黑色長髮，妳喜歡幫她梳頭，拿她的鬈髮披在自己頭上，喜孜孜地尖聲說：「米奇先生，你看！我們的頭髮一模一樣！」

每次妳這麼做，她都笑著把妳摟得更緊。我想起自己剛結婚時老是擔心有了孩子該怎麼辦，那實在愚蠢。男人通常害怕成家後，妻子會更在意孩子而忽略自己，怕夫妻關係只剩下家事、洗衣、載對方出門。這種恐懼的根源相當幼稚：他們不願意跟別人分享自己獲得的關注。

但是看見妳跟潔寧小姐相處，只會讓我感覺更充實。人們都以為和配偶相處多年，很瞭解彼此，我也以為我完全瞭解潔寧。我認得她的聲音和長相，我知道她熱心對待陌生人，對家人的愛毫無保留。她機智敏銳，唱歌動聽，但經常害羞到不敢讓別人知道她唱得有多好。我還知道她最愛剛烤好的麵包、魷魚、披頭四、福音歌曲，也喜歡邀一堆朋友來家裡，在沙發上過夜。我知道她經常關節痛，而且默默忍受。遇到有人打電話促銷，也不忍掛斷。她姐姐黛比（Debbie）過世，帶給她難以承受的哀痛。在她的圈子裡，不管誰犯下什麼錯，她都會給他們第二次、第三次機會。

我知道我不值得她那麼愛我。我知道只要我跟別人起衝突，她都會站在我這邊。相識二十七年這麼久，她接到我的電話都還是喜洋洋的。

話雖如此，奇卡，妳來這裡之後，帶給我們全新的發現。雖然其他夫婦早就體會到了，這種發現就像是在熟悉的畫布上添加一抹新的色彩。看著她幫妳穿衣、洗澡、照顧妳、唱歌給妳聽，讓我更加欣賞這位跟我結婚的女性。她照顧妳照顧得那麼上手，就好像等待陽光等了幾十年的花苞。

第一年的感恩節，妳想要特地打扮一番。潔寧小姐幫妳穿了閃亮的藍色紗裙和黑毛衣，搭配大大的粉紅花朵髮帶。妳說要戴一條項鍊，她給妳戴上兩條。妳照照鏡子，神氣活現的模樣，真不知道妳對造型的執著是從哪來的，但我想妳經常看潔寧小姐打扮，多多少少受到她的風格影響。

那晚我們在餐桌前，向新面孔舉杯致意。潔寧小姐說，妳來跟我們一起住，她相當感謝。我們之前度過無數個感恩節，這是我們第一次覺得自己不只是一對伴侶，更是一個家庭。我知道這對她來說具有多大意義。

到了第二年的感恩節，我們已經去了德國兩趟，事情已經有所變化。妳說話變慢，眼皮垂得厲害，沒辦法跟其他孩子一起奔跑玩耍。吃飯變得很折騰，有時候妳只能眼巴巴盯著食物流口水。更慘的是，艾丹對其他孩子比較有興趣，他們在屋裡追著跑。我們安排你們兩個坐下來吃飯，妳沒說什麼話，可能覺得有些尷尬。吃完飯後，艾丹就溜去玩了。

潔寧小姐和我看到妳受傷的眼神。妳坐在沙發上問我們：「為什麼艾丹不愛我？」我真想把那孩子抓過來，逼他整晚坐在妳旁邊。潔寧的回話就比較溫和，她告訴妳不要擔心，時機到了該是妳的就會是妳的，還說妳很美麗，她很欣賞妳。身為她的丈夫，這是我最欣賞她的時候。

妳有好幾次都想叫潔寧小姐「媽咪」。其實，她比妳想像中還要感動。儘管她心裡可能非常希望妳那樣叫她，她卻提醒妳其實有真正的母親，也想找機會跟妳多聊聊她。

某天晚上，妳在看電影《小飛俠》（*Pan*）。某一幕，彼得潘看見已經離去的母親。片子看完後，妳問妳還有沒有機會見到妳的媽咪。

「會啊，寶貝。」潔寧小姐回答：「妳會在天堂看到她。」

「但她怎麼**認得出**我是誰？」

「媽媽不會忘記自己的小孩。」

妳垂下頭。「那我要怎麼認出來**她是我媽媽呢**？」

我們這才發現，妳不記得那麼久以前的事情。事實上，妳在孤兒院和美國跟我們相處的時間，遠遠超過妳媽媽和教母照顧妳的時間。有些人可能因此認為，誰陪得比較久誰就是**媽咪**，但潔寧小姐並不在乎自己叫作什麼，她只想愛妳、保護妳，讓妳發覺生活中的各種美好，包括在妳讓我們的小宇宙充滿恩惠之前，妳曾是個什麼樣的人。她希望妳記得妳的過去。

奇卡，還記得妳一想到結婚，就充滿粉紅泡泡嗎？伴侶結婚，是因為兩人之間共存著伴侶之愛。等孩子來到這兩人之間，他們會產生另一種愛。他們不會只愛著新來的家庭成員，而是愛著他們一起創造的新家庭。家庭的愛並沒有比伴侶之間的愛更優越。這兩者反而是形成互補的關係；透過以往未曾產生的感激之情，以及更開闊、更包容的心地，家庭才得以形成。

回首過往，是潔寧小姐一天三次清潔妳的ＰＩＣＣ導管，是她緩慢、嚴謹地用酒精棉片消毒，避免任何感染。我想起她為妳做的所有大小事，包括洗澡、解手、更衣。我回想每一個早上妳們躲在被窩裡玩耍的模樣，每一次妳坐在她腿上看電影，每一次她讓妳梳她的頭髮、戴她的耳環，每一次妳**非得**拉著她去看妳的新發現，嚷嚷著：「潔寧小姐！快看！」我回想妳睡著後許久，她仍坐在妳身邊，禱告會有奇蹟發生，接著淚眼汪汪看著我低聲說：「米奇，我們不能失去她，不可以。」

或許我能找到**母親**以外的詞彙來描寫潔寧，但她的確就是我心目中的母親。我得以看到她這般付出，就像獲得一份難能可貴的禮物。奇卡，是妳把這份禮物送給了我，所以我寫了這一課。

——

某天下午，我們聽見她在臥室唱歌。潔寧就拿起相機。奇卡唱的是福音歌〈不再被奴役〉（No Longer a Slave）。海地孤兒院的孩子晚禱時都會唱這首歌。奇卡人坐在床上，穿著黃色T恤和睡褲，一段一段唱著。

通常小孩在房間裡唱歌，看見大人進來就不唱了，尤其大人要拍他們就更不可能開口。但是潔寧進臥室後，奇卡仍然繼續唱。她的眼神好像在發光，彷彿在跟看不見的什麼進行情感交流。

「我再也不被恐懼奴役。

我是神的孩子。」

奇卡連續唱了八分鐘都沒停下來，就算近拍她還是繼續唱。唱完之後，她躺下來，閉上眼睛。

潔寧從房間裡走出來，一臉震驚。

我問：「她都是這樣唱歌給自己聽嗎？」

潔寧說：「不是唱給自己聽，她是在和神溝通。」

妳

十二月初，我們最後一次去德國，感覺卻像是回家。我們住進同一間公寓。房東還是同一位好玩的義大利女士。回家同樣要爬十九階樓梯。我同樣用輪椅推妳去市場、廣場、診所。奇卡，那時妳非常高興，因為這樣就能躲開感恩節的人群，大家的注意力也都回到妳身上。

當時的天氣更冷了，我們得用毯子把妳裹得緊緊的。妳的語言能力明顯變得遲緩，身體前後搖擺，看起來好像在隨著節拍跳舞，事實上，這代表妳逐漸無法控制運動能力。吃飯時，妳拿起刀子卻沒辦法使勁切下去，喝飲料也要用吸管，免得失手砸破杯子。我們逛聖誕市集的時候，我發現妳盯著自己的手指，連一次只動一根手指都很吃力。

惡兆還不只這些。妳在診所認識的另外一個女生沒有再回來了，因為她的腫瘤持續發展，而且長出第二顆。某次，妳在診所用 iPad 看電影，凡・顧爾醫生給我和潔寧小姐看了最新的研究數據。資料中的圖表有黑線和綠線，後者代表最近的病患。他說他的目標就是讓綠線先轉彎越過黑線，再漸趨平緩，這樣就代表免疫療程和DIPG腫瘤的發展進入了休戰的局面。

我看到黑線末端有紅色叉叉，便問：「這些叉叉代表什麼意思？」潔寧小姐碰了碰我的手臂。「X就是十字，」她壓低聲音，「代表病患死了。」

那天晚上，在公寓的小廚房中，妳一邊著色，我們一邊放兒歌給妳聽。妳跟著音樂一起唱，唱得很好，好像又重燃對童謠的愛好，可能是因為旋律比較好記。妳喜歡唱〈小星星〉（Twinkle, Twinkle, Little Star）。

還記得有一次，我和妳坐在汽車後座唱這首歌，妳摀住我的嘴讓妳獨唱。唱完以後，我問：「妳知道妳可以對著星星許願嗎？」

「什麼？」

「要許願，就說：『我要對著這顆星星許願，它會幫我實現願望。』」

「還是說，」妳語氣柔和。「我們可以把星星叫過來？」

「來我們家？」我說。

「叫星星把自己當成禮物送給我們。」

「把星星從天上摘下來嗎？」

「對啊。」

「那星星還要先敲門打招呼嗎？」

「不用啊……星星又不會講話。」

奇卡，那時候我應該跟妳說星星會說話的，因為我就在聽妳說話呀。但我只是低聲說：「這個主意真不錯。」妳把頭靠在我胸前，我親親妳的頭髮。看著妳的臉頰、鼻子、眼睛，我原本可以讓那一刻持續很久，但我沒有。奇卡，人長大成人後，可能變得很不堪，但只要看到孩子的臉，就能發現原來神還沒有放棄我們。看著妳，我真的這麼想。

我們從德國回到美國之後，狀況開始改變。妳變得動作遲緩，在車裡嘔吐，眼神無法聚焦。妳講話時，開頭充滿力氣，卻總是結尾無力。

我們帶妳去莫特兒童醫院，照了ＭＲＩ，證實我們最不想面對的情況發生了。妳的病情有「顯著的進展」。然而，腫瘤進展就代表惡化，**進展**的意義對我們而言，已經改變了許多，以前它具有正面意義，現在卻完全相反。月曆顯示，再一個月就是聖誕節了，潔寧小姐已經布置好聖誕樹，大家也都送來準備給妳的禮物。有時候，我會看到妳坐在地上盯著飾品瞧，卻一句話也不說。我問：「奇卡，妳怎麼了？」妳會看著我一陣子才說話，眼睛眨啊眨的，好像妳踏進暴風雪中要找我似的。

我們

「好了，我要走了。」

為什麼？奇卡。

「因為你要開始難過了。」

難過不好嗎？

「沒有不好，只是……」

她又在用手指頭輕點臉頰。

「不好玩……」

妳只想要好玩嗎？

她伸出雙手。「對啊！我是**小孩**耶！」

她說**小孩**這兩字時，特別加強語氣。我一時語塞。

她說：「等你寫完這部分，我再回來。」

我喊住她，等一下！

她用好奇的眼神看著我。

妳要去哪裡？妳不在這裡的時候，妳都在哪裡？妳可以告訴我嗎？妳可以跟我說說那邊的景象嗎？

她眼神往下移動。

她問：「**你**可以跟**我**說說那邊的景象嗎？」

奇卡不知道如何回答的時候，就會用一樣的問題反問對方，假裝自己很懂的樣子。有一次，她在唱節目主題曲，唱到一半卻停下來。潔寧問她：「奇卡，妳不知道接下來怎麼唱嗎？」

「**我**知道，」她裝可愛。「但**妳**不知道。」

現在她問我：「你可以跟我說說那邊的景象嗎？」我說，不行，我說不出來。我想要相信，妳從此得到平靜，快快樂樂，跟神待在一起，永遠都那麼小。我想要相信，妳可以好好玩遊戲了，可以大笑了，全身上下每個部位都能靈活運動。那邊真的是這樣嗎？妳離開這裡、回到那邊的時候，真的是這樣嗎？

她踮起腳尖。「米奇先生，為什麼你心情不好？」

為什麼這樣問？

「你好像滿痛的。」

我說，我不知道為什麼痛。醫生找不出毛病。

「我不是說那種痛。」

她把手放在我的手上。我看見她的T恤上畫著甜筒。

我低聲求她，請留下來。

她唱道：「人生真的好痛！」

唱完她就離開了。

7

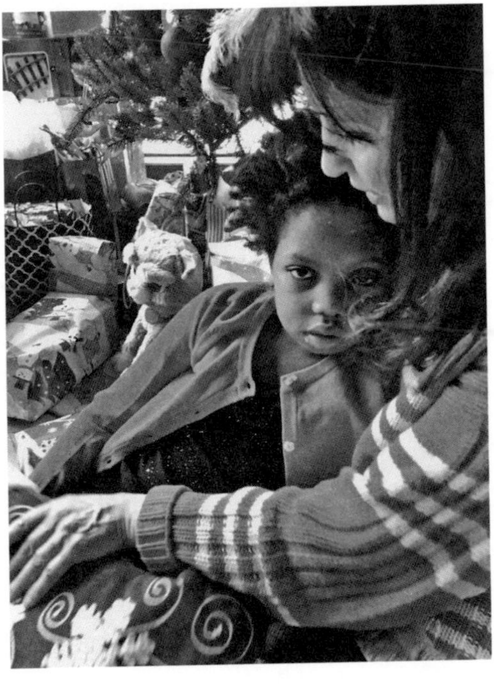

妳

還記得嗎？在德國的某個晚上，我們躺在同一張床上，妳跟潔寧小姐說：「我要告訴妳一個祕密。」她問妳：「什麼祕密？」妳小聲說：「親米奇先生一下。」妳躺在我們中間，我們越過妳頭上接吻。妳說：「從此以後，你們可以過著幸福快樂的日子了。」

真是這樣就好了。

奇卡，這本書我不想寫到第七章。如果能停在第六章就好了，就像一開始艾倫・亞歷山大・米恩那首詩說的：「六歲，現在我什麼都懂／那就永遠停留在六歲吧。」六歲的妳什麼都好，這時候的妳最快樂，經歷了最刺激的一次冒險。我們最後一次去科隆，妳還是六歲。還記得我曾經推妳出門，看到一位年邁的女街友坐在人行道上。妳問我她怎麼了，我說她需要幫忙，我們應該送點錢給她。於是妳接過我遞給妳的鈔票，握在微微發顫的手中，身子搖搖擺擺靠近她。「嗨。」妳聲音不大，對方露出微笑，就像妳平常讓大家微笑那樣。這時我心想，好吧，主啊，就停在這一刻吧。目前所發生的一切，我們都會接受，就算她下半輩子都要坐輪椅，就算她身子無法穩定、會搖晃，講話也很虛弱，我們都能接受。拜託讓時間停留在這裡，我們就心滿意足了。

然而，時間能在何時停住，由不得我們決定。

認真說來，我們在妳抗癌末期所嘗試的療法相當多元，沒有哪個方法沒試過。我們回到莫特兒童醫院，持續使用癌思停，同時也在世界各地（感謝網路）的醫生建議下，讓妳透過霧化器吸入紫蘇醇（peryllil alcohol）。之後，利用ＰＩＣＣ導管，為妳輸入發爾波克酸（valproic acid）。我們密切注意一間大藥廠的初代猴腎細胞抑制劑（PMK inhibitor），這能抑制妳的腫瘤突變，理論上應該會產生療效，雖說抑制劑當初的用途並不在此。

奇卡，我很懷疑這些療程對妳能產生多大影響？漫長的討論、研究、電話往來、想辦法把藥物弄到手，甚或近乎哀求別人，讓我們嘗試困難且與傳統相悖的療法，這些到底有沒有用？當時我們都沒讓妳知道，而我相信這麼做是對的。不過，我還是想讓妳知道我們努力過了。

寫到這裡，我在閱讀醫院提供的病歷。其中一段是二〇一六年十二月寫下的：

> 她的神經狀況急速惡化，伴隨顯著的衰弱／聲音消失（和）幾乎失去話語能力／構音困難。她的MRI報告顯示放射檢驗惡化。
>
> 不過，她的監護人持續要求積極治療……

在病歷中，**不過**二字相當顯眼。當初他們預估，妳病發後只能再活四個月，但妳現在已經活到第十九個月了。他們用**不過**來描述妳的狀況，背後代表的卻是潔寧和我聯手對抗醫療的世界。因為對醫生而言，不管他們再怎麼有同理心，妳只是多數病人之中的一個。對我們而言，妳是唯一。

從另一個層面來說，**不過**這兩個字很適合我們。它背後的含義是「事情的發展不合常理」。我們一路走來，不斷遇到不合常理的事情，打從一開始就是樣。例如，我們當初不可能會去海地，不可能遇見妳，妳也不可能接受我們的照顧，因為我們已經超過做父母的年紀，而妳太年幼。妳原本可能會因為腫瘤很快地離開人世，而我們應該接受現實。

不過，妳撐到了現在。

不過，我們一起撐到了現在。

我

現在宣教院發生了什麼事，奇卡，妳知道嗎？妳看得見嗎？妳也會像拜訪我那樣，拜訪他們嗎？

妳知道嗎？曾經被妳當成家的女生寢室，現在有新來的四個小朋友住進去了。之前一位很棒的老師安娜可美（Anachemy）女士生了兒子。年紀稍長的院童在禮拜六早上，會跟著吉娜（Gina）女士去診所照顧早產兒。

妳看到了嗎？我們在校舍旁邊開始種菜，我們種了羽衣甘藍、豆子、菠菜，還用圍網圈起來，結果有小朋友跌進去把圍網弄垮了。我們現在還多蓋了小音樂教室，裡面有爵士鼓、幾把吉他、一個小鍵盤。

妳聽見了嗎？我們的第二任院長約內爾（Yonel）先生禮拜天會在教堂為妳禱告。還有院中年紀最大的兄弟席姆（Siem）和伊曼紐（Emmanuel），現在拿了大學獎學金來到美國。他們搬進宿舍時，整理自己簡單的行囊，拿出妳的相片放在桌上。

伊曼紐準備要當醫生，因為他看到妳這麼辛苦，也開始想幫助孩童。妳看見妳離開後依然發揮著影響力嗎？這是人生走到盡頭後，終將獲得的祝福嗎？

還是說，我們如此解讀，只是自己一廂情願的執著呢？就像我們曾經那麼想要找回妳的健康，但那是我們永遠不能控制的啊。

妳

妳最後一次度過的聖誕節很安靜。前一晚，我們就把妳帶去家族聚會，但妳幾乎只是看著小朋友吃東西、拆禮物。那一次，我們親自餵妳食物，用湯匙盛了軟嫩的食物送進妳口中，因為妳拿餐具手會抖，吞嚥也有問題。

隔天早上，我們在家裡小小慶祝了一番，除了我們三個，沒有別人。潔寧小姐給妳穿上應景的紅毛衣，妳坐進我們的懷中拆禮物。妳撕開包裝紙，下定決心要把每一個都拆開，雖然妳的手臂失去控制，一直晃動。包裝紙撕開後，妳氣若遊絲地問：「那是什麼？」於是，我把每個玩具都舉高並說明，等妳點頭才進行下一個動作。

拆禮物幾乎拆了一個早上。妳沒有驚叫歡呼，也沒有急著玩玩具，餐桌上沒有鬆餅、雞蛋、杏仁醬吐司，因為妳已經不能吃那種食物了。

我曾經描述過沒有小孩陪伴的聖誕節是什麼情況，妳還記得嗎？我們終於度過一個有孩子的聖誕節，奇卡。這也是首次有人扮演父母的角色陪妳過聖誕，沒有別人打擾。那天下午，潔寧小姐陪妳坐在桌邊，她哭了起來。妳發抖的手遞過一張面紙，輕輕擦拭她的臉頰。接著，妳推著我靠近她，讓我們可以親吻彼此。

到了這個階段，有時我會懷疑我們是否太過分，懷疑療程是否銷磨了妳的體力。妳咬牙熬過這一切，承受那些副作用，妳經常看起來是如此疲倦。

可是能和妳一起過聖誕節，抱著妳看妳收到一隻紅襪子，看著妳又撐過一天，尤其是撐到聖誕節，我已經心滿意足，覺得我們像努力珍惜每個片刻的一家人。有時候，全家人聚在一起也只能這樣了。

兩週後，我們幫妳過七歲生日。大家都來了，沒有一個跑掉。我們的兄弟姐妹、表親、他們的孩子，還有妳的忘年之交、妳各行各業的朋友，從護理師到音樂家都來了。妳的號召力多強啊！我們在家裡慶生，為妳穿上妳最喜歡的貝兒黃色禮服。潔寧小姐和幾個朋友推著妳進房間，我彈著〈生日快樂〉的旋律，大家跟著唱了起來。

我們請來兩位「公主」，打扮成灰姑娘和睡美人的模樣現身。她們走進門的時候，儘管妳的頭很沉重，妳還是雀躍起來。兩位公主負責帶遊戲、送禮物，在音響的伴奏下唱了〈夢想來自心中的願望〉（A Dream Is a Wish Your Heart Makes）。歌詞最後雖然感傷卻不失信心，願望最後一定會成真。那時妳已經說不出什麼話來，大多數時候都坐在潔寧小姐跟我之間，牽著我倆的手，眼神卻隨著所有活動移動。

奇卡，那天下午我一直抱著妳，究竟為什麼我也說不出來。有時候我會走開一下下，回來後又把妳抱起來，妳蓬起的黃色裙襬收攏在我兩手之間。有時我會發現妳往後沉、靠在我肩頭，我會讓妳坐正、看看妳的蛋糕，但妳沒辦法抬起頭來。這是我參加過最快樂也最難過的慶生會了。

之後我再回去海地，便要亞倫帶我去看墓地。他點了點頭，什麼也沒說。不需要說什麼了。

我們去了一處叫「Parc du Souvenir」（譯註：法文，紀念公園）的地方，沿路爬升的入口車道帶我們通過大門。我們下了車，外面很安靜，天氣很熱。只見勉強排成行列的零落墓碑，散在參差不齊的草皮上，有些還能維持綠意，有些已經枯黃如沙地。墓碑都很靠近。我不能想像奇卡待在這樣的地方。我呼吸急促起來，開始冒汗。

一名員工走過來，我要他給我們找一塊較僻靜的角落。他說沒有這種地方。我們繼續走。許多形如大鎖般的墓碑上，刻著兩、三個名字，有些甚至刻了四個。

亞倫說：「這裡面的人上上下下疊在一起。」

他看到我的表情。

「你們不會這樣嗎？」

陽光毒辣得厲害。我聽見卡車經過的聲音，好幾名員工跟在我們後面，其中一人戴著園藝手套。他們似乎很想知道我這個美國人在研究什麼。最後我們終於覓得一處小角落，那裡有兩塊墓地還空著，有樹蔭遮蔽。我看見蝴蝶在樹葉間飛啊飛地離開了。

「能兩塊一起買嗎？」我問亞倫：「這樣比較寬闊。」

他說：「可以問問看。」

走進辦公室，一名戴眼鏡、塗著猩紅唇膏的中年女子接手處理。我跟她說我想買兩塊墓地，她問我：「要埋葬多少人？」

「一人，是個孩子。」

她睜大眼睛。「這樣很奇怪，那裡可以埋十人。」

我說：「我懂，但我就要這樣做。」

她搖搖頭。「或許你還有其他孩子會需要？」

我只是看著她。這種話我怎麼回應？

她完成了文書作業。我付了錢。我們走回卡車邊，離開時，戴手套的男子跟我們揮手。

回孤兒院的路上，車上靜悄悄的。回到院裡，我看見幾個孩子在踢足球、跳繩。兩個跟奇卡差不多年紀的女孩，抵著野餐桌望著天空，好像時間永遠用不完一般。為什麼有些孩子時間如此充裕，奇卡的時間卻所剩無幾？

突然間，我感到慚愧，好像剛才做了一件可怕的壞事。我想要趕回墓園，大喊：「我要取消！我搞錯了！她只是個孩子！」但是亞倫把卡車開走，去買發電機柴油了，只剩下我孤單地留在那裡，站在太陽底下。

第七課　我們所背負的一切

在妳失去行走能力後，某天下午我們在廚房桌上著色。我看看手錶發現自己要遲到了，便站起身來。

「抱歉，奇卡，我要走了。」

「不要！」奇卡拒絕接受。「留在這邊畫畫。」

「奇卡，工作是一定要做的。」

「米奇先生，玩也是一定要**玩**的！」

「可是我要負責工作啊。」

「才不是！」妳雙手盤胸。「你要負責背**我**。」

妳意想不到的是，後來我經常思考妳說的這句話。那時，我覺得妳又在發號施令、很可愛，所以一笑置之。但之後妳愈來愈虛弱，也更需要我幫助妳在室內移動，我才更加體認到妳話中的含義。**你要負責背我**。妳的話貫穿這最後一課的核心，也許是妳教我最重要的一課。

我們身上背負的一切，讓我們成為自己。

用上多少力氣，就能傳承多遠。

按照往例，二月第一週就是超級盃的天下，也是體育新聞寫手的盛會。自從一九八五年，每年我都會報導超級盃的新聞，三十二年來都沒停過。我在報業的雇主習慣把這差事交給我，這些年連續做下來，我也有些自豪，自認能做到退休為止。

不過二〇一七年的盛況，我沒有參與。從前我一肩挑起的報導，從前我認為很重要的工作，都必須喊停，就像平板車卸貨時那樣，被倒得一乾二淨。到了二月第一週，妳抗癌進入第二十一個月，成為與ＤＩＰＧ搏鬥最久的人物，但是妳跟一月慶生時狀況大不相同。

凡・顧爾醫生說，腫瘤「成長的方式令人感到錯愕」。妳無法自主進食，必須插管餵食。一開始，他們給妳插了鼻胃管，妳趁大家不注意，把管子扯掉。（老實說，我有點想為妳歡呼，誰想被插鼻胃管呢？）

這樣一來，就得給妳裝上更牢固的經皮膚內視鏡胃造口（G-tube, Percutaneous Endoscopic Gastrostomy，簡稱ＰＥＧ）。每天日夜，我們透過立式泵將流質食物打進管中，再從胃造口送進妳的肚子裡。一天好幾次，我們從ＰＩＣＣ導管給妳輸藥，接著消毒導管並用肝素沖洗，再放回妳手臂上那塊白布底下。妳透過鼻腔中的塑膠管吸入霧化的紫蘇醇。

奇卡，真不知道妳是如何忍受這些插在身上的醫療器材。儘管如此辛苦，儘管失去可貴的聲音，只能發出呼嚕聲，妳還是原來的妳。妳會用點頭示意的方式（儘管幅度很小），讓我知道妳晚上睡覺想抱哪一隻娃娃。我們跟海地的孩子使用 FaceTime 通訊時，妳能虛弱地說聲哈囉。有一次我咳得厲害，妳的視線移到了我身上。潔寧小姐說：「他需要人家幫他拍拍背。奇卡，妳想幫他拍拍嗎？」我把身子往前彎，讓妳拍了我的背三下。

超級盃舉行的那天，我坐在妳床上找電影給妳看。我一一念出片名，念到《皮巴弟先生與薛曼的時光冒險》（*Mr. Peabody & Sherman*）的時候，妳伸出大拇指比了讚。於是，我陪妳一起看。

片中有一幕是皮巴弟先生（這是條狗）站到法官面前，說要收養他的徒弟薛曼（這是男孩）。

法官問：「養育人類的孩子會遇到**各種**風險，你確定你能應付嗎？」

狗狗說：「確認完畢。這能有多難呢？」

——

奇卡，寫到最後跟妳相處的八週時光，我不打算描寫各種細節。我們那時吃了很多苦，試過很多方法，我們用上最後關頭才能用的療程，用上了氧氣機，我們幫妳拍痰、將管子伸進妳的鼻腔及喉嚨中，抽出會阻礙呼吸的東西。妳手指上夾著一個小監測器，測量妳的脈搏和氧氣量；整個晚上都有紅色的數字在監測器上跳動，如果某個指數過低或偏高，就會發出嗶嗶聲叫醒我跟潔寧小姐。我一定要在一瞬間就看出數據是否正常。我平常不會特別痛恨什麼，但我恨死了那台監測器，因為它在用紅字倒數妳還剩下多少時間。

然而，這時也發生了一些正面事情。妳持續散發出來的生命力，連這一行最資深的人員也為之動容。妳不去 Walk the Line 物理治療所之後，那裡的物理治療師團隊打電話來表示：「我們想念奇卡。」Health Partners 保險公司的護理長唐娜（Donna）會突然造訪，來看看妳的狀況。有時我走進妳房裡，會撞見兩個我們的朋友、三個我們家的親戚、幾位醫療人員，甚至還有人在彈烏克麗麗。妳最善於吸引人潮聚集了。

某天晚上，我跟一個和妳母親一樣高大的護理師蕭恩（Shawn）提到，妳相當熱愛教堂音樂。蕭恩便神來一筆提議要唱歌給妳聽。

於是，大夥聚在一塊，妳躺在小小的病床上，由蕭恩唱出動聽的〈祂看顧麻雀〉（His Eye Is on the Sparrow）。

因為開心所以歌唱，
因為自由所以歌唱，

祂看顧麻雀，

我知道祂守候著我。

妳的眼神綻放出驚奇的目光。那也是個充滿驚奇的時刻。潔寧小姐流下了眼淚。

妳最後的時光來到四月。這時開始實施日光節約，天氣也暖和了。妳對抗病魔已經二十三個月，對DIPG患者而言，已是格外持久了。潔寧小姐說妳是個奇蹟，從很多方面而言，確實如此。

每晚熄燈前，我都會看著妳的臉，好安詳、好純真，妳平滑的臉蛋上沒有任何表情。奇卡，我真的很難形容自己感到有多無助，因為我沒辦法跟妳並肩作戰，沒辦法參與妳腦中的戰鬥。妳怎麼可以這麼堅強？我想起雅各和天使摔角，他們在河邊徹夜纏鬥。我常在想，天使一碰雅各的大腿窩就能讓他瘸了，他們何必打那麼久呢？

我想，應該是雅各戰意堅決，才能讓他看見隔天的曙光。奇卡，妳也是因為這樣，才能持續和病魔纏鬥將近兩年，撐到了現在。

沒錯，這場戰鬥付出了很大的代價。這一路走來，我們失去了妳美妙的聲音，妳的眼睛變得只能睜開一半，每天我都會看著妳的眼睛，跟妳說：「早安，漂亮小妞。」至於妳的身體，雖然經過多次體重起伏的改變，又回到剛來美國時的細瘦模樣。妳長高了幾吋，不過從某方面看來，妳恢復了原本的樣子。

四月六日破曉前，妳的指數驟降。心跳減弱，呼吸紊亂。監測器一直嗶嗶作響，讓我無法成眠，我便躺在衣櫃旁的地上。後來。我聽見安寧護理師喊我，我在黑暗中跳起身大喊：「怎麼了？怎麼了？」護理師說：「可能是時候到了。」

潔寧小姐和我彎腰看著妳，摸摸妳柔軟的臉頰。我們打起精神準備接受現實。早晨在灰霧中來臨，我們卻感覺不太對勁，我們覺得「時候還沒到」。我將耳朵貼近妳的胸口，聽見妳好像在掙扎。

我說：「她還想撐下去。」

一名護理師說：「那只是孩子製造的一些聲音而已，到最後都會有。」

我看看潔寧，她搖頭表示。我覺得彷彿又回到兩年前，嘉爾頓醫生跟我們宣布噩耗的時候。

「不對，」我說：「她還在對抗。如果她要這樣做，我們就要陪她。」

我把妳扶起來，接著採取行動。如果我做錯了，奇卡，請原諒我。我像之前學到的那樣，用小小圓圓的拍痰器給妳拍背，然後將抽取器伸進妳鼻腔和喉嚨中清理。我再幫妳拍痰，跟妳說，加油啊，寶貝，如果妳還想繼續戰鬥下去，那就繼續吧。護理人員一臉錯愕，看著妳的心跳指數回升，呼吸次數增加，五分鐘內妳就回到安全狀態了。潔寧小姐看著我，我們兩個氣喘吁吁，一位護理人員說：「從來沒見過這種事。」

潔寧小姐和我淚眼汪汪，想起同一件事，「從來沒見過，**不過……**」

你身上背負的一切，讓你成為你自己。你可能要一肩挑起養家庭的責任，可能要承接照顧病人的責任，你可能自認有義務對他人付出善意，你可能肩負著永遠不能見光的深重罪孽。不論是什麼，我們總是一肩挑起，每一天都不例外。奇卡，自從妳來了以後，自從妳開始奮勇抵抗病魔，我的職責就是背著妳。

從過去以至現在，我的職責都會是背負孤兒院的院童，一起渡過難關。

原來，這麼多年我都沒有孩子，是因為現在要扛起照顧他們的重責大任。

在我背負過的責任中，這是最讓我享受的負擔了。

在奇卡還能說話的時候，某天晚上，她拿了一隻醫院送的小熊上床睡覺。他們都說這是「安撫小熊」。

臥室中一片黑暗，我跪在奇卡身邊。

「你好啊，」我低聲跟小熊說話：「你是奇卡的小熊嗎？」

奇卡把熊拿到面前遮住自己的臉。「是啊～」

「你很幸運耶，奇卡這女孩很特別喔。」

「對啊。」

「不要告訴她喔。這件事我們知道就好。」

「可是我是她的熊，我什麼都會告訴她。」

「好吧，那你不要告訴她我有多愛她。這是祕密。」

「奇卡早就知道你有多愛她了。」

「真的嗎？」我探問：「我有多愛她？」

奇卡把小熊的手臂拉到背後，模仿我平常把雙手一路伸到背後的樣子。

「這麼愛喔。」

眼淚在我的眼眶打轉。

「沒錯，」我低聲說：「就是那麼愛。」

妳

事情繼續發展。

妳在霧氣瀰漫的四月清晨奮力抵抗。之後，我們致電聯絡每一個愛妳的人，以及每一個曾經與妳有過接觸的人。我們說，如果他們想見妳一面，現在就是時候。結果，他們真的來了。天啊，大家都來了。妳喜歡遊行吧？奇卡，妳也能自己組織一支遊行隊伍喔。家人、朋友、跟妳心靈交流過的人，都來見妳，他們的隊伍一整天沒有停過。他們坐在妳身旁，牽起妳的手，而我們詳細描述那天妳在鬼門關前走一遭的經過。關於妳的故事，我們不知說過多少個，感覺這是最後一個了，但這是個英勇奮戰的好故事，妳本人就跟故事一樣精彩。

那天晚上，海地的孩子們晚禱後聚在一起，我們將iPad湊近妳耳際，聽每個人說「晚安，奇卡」或「晚安，寶貝」。

隔天是四月七日，我們迎接一個美好的春天早晨。午餐過後，日頭高懸，放眼望去就像海島的天空。妳在這時準備跟所有人道別。

這次我們並不感到恐懼，不像上次在黑暗中手忙腳亂，妳也沒發出掙扎的聲音。妳仰躺著，頭部有點歪斜。室內放著輕柔的海地音樂。潔寧小姐坐在妳床頭的一邊，我坐在另一邊。我們用妳喜歡的方式抱著妳，就像之前在德國的公寓，妳跟我們說親吻之後就能永遠幸福快樂那一回。有人想辦法將照片投影到臥室的電視上，一張張照片默默出現，都是妳在這裡的快樂時光：妳戴著蛙鏡的照片、在沙坑跟我們玩的照片、吃冰淇淋的照片。照片中的妳，跟現實中的妳只有幾步之遙，觸摸不著，卻充滿了生命力。現實中的妳，跟照片也只有幾步之遙，觸手可及，卻終將流逝。

「奇卡，我們愛妳。」我柔聲反覆說道：「我們真的很愛妳……」

我們揉揉妳的手指、肩膀、臉頰。這時，妳的身體傳來一種我們從未感受過的柔軟。我們親了妳許多次，數著妳的呼吸。妳呼吸得很慢，一分鐘只有五次。

四次……

三次……

房內變得好安靜，家人和朋友都在外頭等著。這裡只有我們三個緊緊相擁，就像回到妳自己布置、最愛的蓬鬆又舒服的被窩。

最後潔寧小姐深呼吸，淚珠滾過她的臉頰。她悄悄說：「好了，奇卡……妳可以去天上找媽咪了。」

她情緒崩潰，泣不成聲。我的心裂成兩半，因為我明白她要說出這些話該有多難過。

我知道妳會聽她的話。

呼吸剩兩次……

一次……

我們

我將頭埋進雙手，雙眼視線變得模糊，好像快要暈倒了。

「結束了嗎？」奇卡出聲問我。

我幾乎沒抬起頭來。

我說，結束了。

「看吧，我就說我會回來呀。」

我用掌心搓揉臉頰。

我說，寶貝，過來這裡。

奇卡走到我面前。她又穿上彩虹小馬的睡衣，頭上紮了緊緊的髮辮，彷彿回到她在我們家度過第一個早晨，我們一起炒蛋來吃。

我聲音哽咽地說，聽著，我知道這一切只是我腦中的幻想。我知道妳不可能真的出現在我眼前，但我想要趁妳還在的時候，告訴妳一些事情。

「好－啊……」她拖長語音，將手肘撐在我的膝蓋上，雙手托腮看著我。「你想要說什麼呢？」

我只想說，妳不是我的孩子。但對我而言，妳也是我的孩子。我把能給妳的愛都給了妳，潔寧小姐也一樣。不管離開人世後妳去了哪裡，妳都還有家人，很多很多的家人。奇卡，妳讓我們有了一個家，家裡有我、潔寧，還有妳。我希望能犧牲一切來救治妳，就算神另有打算，我也願意。我們時時刻刻都想念妳，別擔心我們會把妳忘記，因為這件事永遠不會發生，就算我們失去所有的記憶，妳也會是最後才消失。奇卡，妳離開的時候，帶走了我們心中很大的一部分，最好的一部分，不過那是屬於妳的，儘管拿不要緊。我希望我們的心能夠永遠與妳貼近。我這麼說，是怕妳以為妳走得太孤單，我希望妳連一瞬間都別這麼想。

奇卡聽了咬咬嘴唇，好像在想什麼。接著她微笑，伸出雙手。

我擁抱她，長久以來，這是我第一次、也是唯一一次，想摸就摸得到她。我又能感覺到她了。我將她拉進懷中，感覺到她的前臂環抱我的頸部，她柔嫩的臉頰和辮子頭抵在我的太陽穴附近。我用以前習慣的方式擁抱她，她貼近我的懷中，好像從未離開過。

之後，奇卡往後退，露出微笑，用睡衣兜帽蓋住自己的頭。她問：「奇卡在哪裡？」

她伸出手，蓋在我心口上。

「她在這裡！」

說完，她就消失了。

尾聲

小名叫「奇卡」的梅荷達・哲恩，於二〇一七年四月十五日下葬於海地。許多與她交流過的美國朋友都飛到當地出席她的葬禮。她的教母、生父、孤兒院全體員工也都來了。更令人意外的是，奇卡的兩個姐姐和弟弟也現身了。之後，一小群人前往墓地。奇卡下葬的角落有樹蔭遮蔽，蝴蝶在樹上飛舞。

在她的墓誌銘上，刻著她那晚唱給自己聽的歌詞。

MWEN SE PITIT BONDYE（譯註：海地克里奧語，我是神的孩子）

「我是神的孩子。」

之後，孤兒院的孩子們穿上最好的衣服，舉行院內的小小追思會。許多孩子站起來分享他們最難忘的奇卡軼事，其中包括「她真的很愛吃」。後來，我們為了紀念她，放了三打粉紅色氣球到空中，氣球飄得高高的，在太子港的街道上飛舞著。

我在院子四處走動，發現奇卡的弟弟摩西，嚇得差點停止呼吸。他長得和奇卡非常像。當時他三歲，就跟奇卡當年來院裡的年齡一樣。我示意要抱他，他跳進我懷中，緊緊抱住我，傳來的觸感既熟悉又陌生。

到了下午，奇卡的舅舅要求跟我談談。他說自從奇卡的母親過世之後，摩西無處可去，便由他收留。不過他和太太也有自己的孩子要顧，而且錢也難賺。他看過我們院裡的設備、住宿條件、廚房、學校，心裡有了想法。

他問：「如果可以的話，可以請你收留摩西嗎？」

於是，我們收留了摩西。

直到現在，他依然住在院中。奇卡的姐姐米蘭達也跟他一塊。

真是個不可思議的世界。

故事差不多該結束了。話說從前，每天早上我都要喝咖啡。奇卡會看著我泡咖啡，然後一如往常，撒嬌問道：「**那**是什麼？」

「咖啡。」

「真希望**我**也能喝咖啡。」

她求我求了好幾個月。我愈是跟她說小孩不能喝，她就愈想喝。終於，某天早上我屈服了，她雙手捧起杯子喝了非常小一口，發出「嗯～」的感嘆。

我不知道她是真的喜歡喝咖啡，還是在享受當大人的滋味。

當我們回首一切，就屬這件事最讓人揪心，甚至把她的受苦掙扎、生病都比了下去。歲月終將過去，我們會說：「現在奇卡應該八歲了。」「現在奇卡應該九歲了。」最讓我們悲痛的，不是抗癌耗去了她的時間，而是她錯過了自己的成長。她被剝奪了長大的時間，她無從看見未來。這真的很不公平。

但是明天會如何，沒人說得準。只有今天的行動才能產生影響。奇卡度過的每一天都很充實。她像是把每天的精力都灌注體內，直到用完為止，而且她總是能夠影響他人，毫無例外；任誰見到她，多半會露出微笑。

大家問我從這段經驗學到了什麼。透過這本書，我試著表達出來。但我覺得最重要的是，家庭就像一件藝術品，可以用各種媒材創造。有時候，家庭之所以形成是因為血緣，有時候是因為重組，有時候純粹是時空因緣的配合，只要條件具足，我們就會像炒蛋那樣聚在一起。

不論家庭是如何形成，不管家人是如何分開，有件事永遠千真萬確：沒有孩子會失去。我們並沒有失去孩子。我們是得到了一個孩子。

那是一個洋溢著光輝的孩子。

謝詞

七年的人生雖然過於短促，卻也足以接觸到許多人，下面受到他們的影響。這些人參與了奇卡短暫、精彩的人生時光，我想要在這裡向他們一一致意。

首先是照顧她健康的各位：海地有信孤兒院的全體員工，包括保母、老師、工作人員、兩任海地院長亞倫和約內爾先生，以及在美國的指導者傑夫和派蒂、珍妮佛和傑若米、安娜可美、吉娜。你們對奇卡以及所有院童的貢獻，令我自嘆弗如。

奇卡的教母荷祖莉亞・戴沙慕（Herzulia Desamour），在奇卡的生母過世時收留她，並且在羅蘭・聖洛（Rolande St. Lot）的告知下，帶奇卡來到院裡。孤兒院的四十多位兄弟姐妹，讓奇卡在那裡的分分秒秒都有遊戲和關愛的對象。

奇卡開始抗癌之後，接觸的人愈來愈多，一段生命竟然可以和這麼多人產生關係。以下出現順序不具特別意義，感謝各位一路上的幫忙：

密西根安娜堡莫特兒童醫院傑出的全體員工，你們像是一盞發出喜悅光芒的指引燈，照亮了奇卡，謝謝你們幫忙支付她的鉅額醫療開銷。派翠莎・羅伯森醫生、卡爾・寇許曼醫師、休・嘉爾頓醫生、葛瑞格・湯普森（Greg Thompson）醫生，替奇卡仔細檢查，還有不計其數的醫護團隊，總會設法讓她在住院時覺得自己很特別。難怪你們醫院的大廳裡頭有超人。

同樣要感謝的是密西根的皇家橡樹博蒙特醫院，以及院內陳彼得醫師所帶領的傑出放射科團隊。奇卡出院時帶回家的玩具比沃爾瑪超市還多，她還可以在療程結束後自己按鈴，跟每一個人擁抱。

不屈不撓的蘇維丹醫師所率領的紐約斯隆凱特琳紀念醫院團隊也值得感謝。希望奇卡的ＣＥＤ經驗能讓嘗試同樣療法的患者獲益。

感謝德國的凡・顧爾醫師，以及科隆ＩＯＺＫ診所聰明善良的工作人員。奇卡在那裡還要感謝奇卡的「朋友」，年齡完全不會妨礙她交友，只要有心、有時間即可。你們和小奇卡慷慨分享了友誼，我要獻上最深的謝意；同樣，出場順序不代表任何意義。感謝法蘭克（帶她去任何地方）；金姆和瓦利德（帶她去法蘭克不能帶的地方）；妮可．M（Baba...ghan-oush〔茄子醬〕）；黛安（她很敬愛的老師）；凡爾醫生和瑞克（她最喜歡去找的狗）；瑪莉娜、盧迪、克里斯（她的比利時房東）；安東涅塔（她的科隆房東）；瑪嘉烈、艾里一家人、佩姬「奶奶」；「驢子牧師」、喬丹、琳恩、卡蜜拉、凱瑟琳（游泳）；康妮和琳達（多次拯救我們及我們的家不至於崩潰）；查德．奧迪（Chad Audi）醫生和他的家人、羅絲瑪麗、瑪姬．M、泰瑞和道格、蒙妮卡和海斯、維多、珊迪、Taki、Yuki、Tomoko、卡茲、裴瑞．G、麥可和崔許（「安靜！」）、達拉、莎拉．維爾（Sara Werr）、拉可馬．C；當然絕不能忘了我們的姐姐卡拉和她溫暖的家人。她永遠不會累，總是那麼出色，讓奇卡持續上課；我的弟弟彼得，負責讓奇卡開懷大笑；凱西、翠西亞、瑞克「爸爸」、葛瑞格、安瑪莉和兒子們（我們都知道她對艾丹的想法）；感謝強尼．S，還有我們家族裡許多瞭解奇卡的姪甥：傑西、馬力、蓋伯瑞、蘿拉．貝斯（Laura Beth）、妮可・S、強尼、丹尼爾、麥可、琳賽、（小）潔寧、安東和女兒們、戴文、史帝芬、艾力克斯、大衛、珍妮、保羅、喬伊、喬許。

我們的家人成為奇卡的家人，讓她開心不已。

我的工作圈也跟奇卡的生活圈有了重疊。我想要深深感謝「馬可先生」羅森塔、「馬克先生」孟德頌（奇卡從沒說你是懶鬼）、凱莉（無止無盡地抄寫）、喬安、文斯、安東妮拉，還有電台工作人員琴・易依（Jean Yee）、麗莎・郭依齊（Lisa Goich，從遠方讓奇卡感受到滿滿的善意）。我還要感謝出版圈的各位包容我拋下工作，去照顧奇卡。

這本書會問世，要多虧大衛・布萊克（David Black）。好幾十年來他一直跟我說，我會成為好父親。我還要感謝大衛・布萊克事務所的傑出同仁蘇珊・瑞霍法（Susan Raihofer）、麥特・貝爾福特（Matt Belford）、史蓋勒・艾迪生（Skyler Addison）。我的編輯凱倫・李納第（Karen Rinaldi）跟我角力，就像雅各跟天使摔角一樣，讓我寫出最好的版本，為此我相當感謝她。哈珀出版社的各位好夥伴，也請接受我的誠懇謝意：強納森・波恩罕（Jonathan Burnham）、莉亞・魏茲柳斯基（Leah Wasielewski）、史黛芬妮・古柏（Stephanie

Cooper）、道格・瓊斯（Doug Jones）、萊斯里・柯恩（Leslie Cohen）、緹娜・安卓亞迪斯（Tina Andreadis）、艾蜜莉・凡德沃肯（Emily VanDerwerken）、賈姬・丹尼爾斯（Jacqui Daniels）、蕾貝卡・拉斯金（Rebecca Raskin）、漢娜・羅賓森（Hannah Robinson）、米蘭・巴茲克（Milan Bozic）、莉亞・卡爾森–史丹尼奇克（Leah Carlson-Stanisic）、約翰・尤西諾（John Jusino）、麥可・席伯特（Michael Siebert），以及其他守護此書付梓的夥伴。

還有一些朋友、同事、醫生在這裡沒有點到名字，然而，我還是想跟你們說聲謝謝，因為你們讓我繼續在這條路上走下去。即便只是陪我走了一天，這個故事裡依然有你們存在的痕跡。

最後，我要花最多力氣感謝的就是潔寧。我寫這本書的這一年，她都會聽我大聲念出手稿，這個過程令人心痛到心都要碎了，但同時充滿了愛與激動，感覺就像撫養一個失去健康卻依然珍貴的孩子。

這個故事屬於我，因為這故事也屬於她。

屬於奇卡、潔寧和我。

屬於我們。

米奇·艾爾邦

二〇一九年八月，於密西根州底特律

ifferent world

國家圖書館出版品預行編目資料

遇見奇卡 / 米奇・艾爾邦（Mitch Albom）著 ; 吳品儒譯.
-- 初版. -- 臺北市 : 大塊文化, 2020.05
316面 ; 148×20公分. --（mark ; 157）
譯自 : Finding Chika : a little girl, an earthquake, and the making of a family
ISBN 978-986-5406-74-5（平裝）

1.哲恩（Jeune, Chika.）2.艾爾邦（Albom, Mitch.）3.回憶錄

785.5858 109004608